명화로 만나는 생태

국립생태원 참여 연구원

[생태정보 제공 및 감수]

장금희(곤충생태)	김영중(곤충생태)	윤창만(곤충생태)
김강산(곤충생태)	김만년(곤충생태)	김황(곤충생태)
박종대(곤충생태)	이혜린(곤충생태)	차덕재(곤충생태)
유인성(곤충생태)	조영호(곤충생태)	박영준(곤충생태)
임헌명(곤충생태)	안정섭(곤충생태)	

[기획위원]

강종현(생태교육)	김경순(복원연구)	김영건(복원연구)
박상홍(생태전시)	박영준(연구정책)	이태우(생태조사)
차재규(생태평가)	문혜영(미술사)	유연봉(출판기획)
이진원(출판기획)		

명화로 만나는 생태
❺ 곤충

발행일 2023년 6월 30일 초판 1쇄 발행

글 김성화·권수진 | 그림 조승연
발행인 조도순 | 책임편집 유연봉 | 편집 이정대 | 기획 문혜영
외주진행 공간D&P(편집 임형진 | 디자인 권석연) | 명화정보조사 서현주
발행처 국립생태원 출판부
신고번호 제458-2015-000002호(2015년 7월 17일)
주소 충남 서천군 마서면 금강로 1210 / www.nie.re.kr
문의 041-950-5999 / press@nie.re.kr

ⓒ김성화, 권수진, 조승연, 국립생태원 National Institute of Ecology, 2023
ISBN 979-11-6698-268-2 74400   979-11-6698-000-8 (세트)

[일러두기]
명화 정보는 작품명, 작가명, 제작 연도, 소장처 순서입니다. 정보가 없을 경우 표시하지 않았습니다.
이 책에 실린 모든 글과 그림을 저작권자의 허락 없이 무단으로 사용하거나
복사하여 배포하는 것은 저작권을 침해하는 것입니다.

> p.8 기억의 지속 ⓒ Salvador Dalí, Fundació Gala-Salvador Dalí, SACK, 2023
> 이 서적 내에 사용된 일부 작품은 SACK를 통해 VEGAP과 저작권 계약을 맺은 것입니다.
> 저작권법에 의하여 한국 내에서 보호를 받는 저작물이므로 무단 전재 및 복제를 금합니다.

⚠ 주의 다칠 우려가 있습니다. 본 도서를 던지거나 떨어뜨리지 않도록 주의하십시오.
★ 환경 보전을 위해 친환경 용지를 사용하였습니다.

명화로 만나는 생태

5 곤충

글 김성화·권수진 / 그림 조승연

국립생태원 NIE PRESS

명화로 만나는 곤충 이야기

들어가는 글

무지무지 심심하다면 이런 상상을 해 봐.
돼지만 한 개미와 참새만 한 메뚜기를!
하다못해 생쥐만 한 파리를!
그러면 궁금해져.
왜 커다란 곤충은 없을까?
왜 곤충은 그렇게 작을까?
어떤 곤충은 너무 작아서 사람의 머리카락 끝에도 올라설 수 있다니까.
이렇게 작은 동물은 어떻게 살까?
이렇게 작은 몸집에도 뇌가 있고 심장이 있고 피가 있을까?
곤충은 왜 애벌레가 되었다가 번데기가 되었다가 어른벌레가 될까?
곤충은 왜 그렇게 이상하게 생겼을까?
네가 이 책을 읽고 있다면 너는 곤충을 싫어하는 아이일 리는 없어. 어쩌면
벌써 사슴벌레나 풍뎅이를 몇 마리쯤 키우고 있는 곤충 박사일지도.
그렇다면 너는 곤충이 놀라운 동물이라는 걸 알고 있을 거야.
곤충은 사람이 농사를 짓기 한참 전부터 농사를 짓고 가축을 길렀어.

들어가는 글

흰개미는 곰팡이 농사를 짓고, 개미는 진딧물을 젖소처럼 키워.
사람이 전등을 발명하기 한참 전에 반딧불이는 몸속에서 빛을 밝혔어.
잠자리는 새보다 박쥐보다 비행기보다 가장 먼저 날개를 달고 하늘을 날았어!
곤충을 보러 와!
독특하고 희한하고 놀라운 곤충들이 그림 속에 있어. 몇백 년 전의 캔버스 위에, 오래된 병풍 위에, 빛바랜 종이 위에 남아 이 책에 실렸어.
하하, 미라를 담은 관 위에까지도 남아 있는 곤충을 보여 줄게.
개미와 파리가 축 늘어진 시계 위에서 돌아다녀. 꿀벌이 황제의 옷에 붙어 있고 공작나비는 병아리들 앞에서 폼을 잡아. 소똥구리는 영차영차 똥을 굴려. 개의 털 속에도, 아름다운 꽃들 속에도 곤충이 숨어 있어. 100년 전, 200년 전…… 3000년 전에 이렇게 곤충을 꼼꼼히 관찰하고 꼼꼼히 그렸다는 거야.
우리도 화가들을 따라 곤충을 그리고 싶어질지 몰라!

차례

들어가는 글　/ 4

개미는 너무 작아　〈기억의 지속〉, 살바도르 달리　/ 8

여왕벌은 하루 종일 알만 낳아
〈나폴레옹 보나파르트 황제의 초상〉, 장 뒤페　/ 18

꿀벌 집에는 우두머리가 없어　〈초충 영모 어해 산수 도첩〉(부분), 김익주　/ 26

잠자리는 육식 곤충이야　〈잠자리〉, 에밀 베르농　/ 34

나비의 날개는 왜 아름다울까?　〈꽃과 나비(화접도)〉, 남계우　/ 42

공작나비를 보러 와　〈병아리와 나비〉, 프란츠 자베르 버킹어　/ 50

애벌레와 번데기
〈까치밥나무 가지와 나비, 딱정벌레, 모충, 곤충들이 있는 정물화〉, 안 반 케셀　/ 58

나방이 가축이 되었어　〈선반에 놓인 화병의 꽃 정물〉, 라헬 라위스　/ 68

대단한 파리　〈배와 곤충이 있는 정물화〉, 유스투스 융커　/ 76

흡혈 모기의 비밀　〈모기장〉, 존 싱어 사전트　/ 86

벼룩이 톡톡!　〈벼룩 잡는 소년〉, 헤라르트 테르 보르흐　/ 94

차례

구름이야? 아니, 메뚜기 떼야! ⟨초가을⟩(부분), 전선 / 102

여치는 노래를 잘해 ⟨꽃병⟩, 룰란트 사베리 / 110

베짱이를 알아? ⟨과일과 도마뱀, 곤충이 있는 정물화⟩, 오트마르 엘리거 / 118

힘센 사마귀 부인 ⟨산차조기와 사마귀(신사임당 초충도)⟩, 전(傳) 신사임당 / 126

매미의 지하 생활 ⟨꽃과 풀벌레⟩ / 136

사슴벌레는 무얼 먹을까? ⟨사슴벌레⟩, 알브레히트 뒤러 / 144

굴려, 굴려, 똥을 굴려! ⟨의식 장면으로 장식된 이름 없는 사람의 이집트 관⟩ / 152

소똥구리는 딱정벌레야! ⟨파초도⟩, 전(傳) 상고재 / 160

곤충은 힘이 너무 세
⟨꽃과 곤충이 있는 정물⟩ 얀 브뤼헐 / 170

찾아보기 / 178
참고 도서 / 180

기억의 지속

살바도르 달리, 1931년, 뉴욕 현대 미술관

© Bridgeman Images - GNC media, Seoul, 2023

개미는 너무 작아

너무 더워!

세상에! 시계가 축 늘어져 있어. 흐물흐물 녹아서 흘러내릴 것 같아.

잎 한 장 없이 앙상한 나무의 기지에도 시계가 휘어져 걸려 있고,

한가운데 괴상한 형체 위에도 시계가 구부러져 있어.

이렇게 이상한 시계를 본 적 있어? 상상한 적 있어?

시간도 휘어져서 느리게 가는 것 같아. 아니, 시간이 멈추어

있어!

가운데 누워 있는 괴상한 건 도대체 뭐야?

앗, 기다란 속눈썹이 있잖아.

아래로 삐죽한 건 코일까?

헐! 그럼 이게 얼굴이라는 거야?

개미는 너무 작아

이 기이한 그림을 그린 사람은 스페인의 화가 살바도르 달리이고,
이건 달리의 얼굴이야.
여긴 달리의 꿈속인가 봐. 사막 한가운데에 달리의 얼굴이 커다란
눈을 감고 누워 있어.
무슨 생각을 하고 있을까? 꿈속에서 또 꿈을 꾸는 걸까?
멀리 보이는 바다는 너무 매끈하고, 테이블 위에 솟아난 나무는 마치
벼락이라도 맞아서 부러진 것 같아. 늘어진 시계 위에 파리가 있고,
개미도 우글거려. 시계 위를 돌아다니는 파리와 개미가 어쩐지
불길하게 느껴져. 꼭 시계가 상해 가는 것 같아. 치즈처럼 말이야!
무지하게 더운 어느 여름날에 달리는 저녁 식사로 카망베르 치즈를
먹었는데, 치즈가 녹아서 흐물거렸어. 그러자 치즈처럼 녹아 버린
시계의 모습이 달리의 머릿속에 떠올랐어. 다 그렸을 땐 이렇게
괴상한 그림이 되었어.

달리는 멋진 그림을 그렸지만 곤충에 대해선 잘 몰랐을 거야.

달리는 곤충을 몹시 무서워했거든. 하지만 곤충은 무섭거나 수상한
동물이 아니야. 그저 작아서 잘 안 보일 뿐이야.

개미야, 가까이 와 봐.
자세히 좀 보게.

개미에 비하면
우리는 너무 커.
개미는 너무 작고!

개미는 작아서 놀라운 동물이야!

하하, 작은 게 뭐가 특별한 일이라고! 너무 작아서 밟혀 죽기 일쑤인데 말이야.

아니, 정말이야. 곤충은 작아서 위대하다니까. 작은데 위대하다니까. 몸집이 작으면 잘 숨을 수 있어. 몸집이 작으면 조금만 먹어도 돼. 몸집이 작으면 중력을 이기고 하늘을 날고, 벽과 나무도 아무렇지 않게 기어올라.

몸집이 작으면 커다란 동물들이 주름잡는 세상에서도 지구를 훌륭하게 나눠 쓸 수 있어!

개미는 1억 2000만 년 전, 공룡이 지구에 살던 시절에 탄생했어. 티라노사우루스가 쿵쿵 돌아다녀도 개미는 공룡 같은 건 안중에도 없었을걸. 공룡은 너무 크고 개미는 너무 작아서 말이야.

6500만 년 전, 소행성이 지구에 충돌해 공룡이 모두 멸종했을 때에도 개미는 땅속에 숨어서 잘 살아남았어. 그 뒤로 지금까지 지구에서 번성하고 있어.

개미는 작은데도 똑똑해.
개미는 작고 그 속에 든 뇌도 아주 작지만, 작고 작은 개미들이 모여 커다란 동물보다 똑똑해져. 개미는 작아도 수천수만 마리가 함께 모여 살면 똑똑해지는 게 가능하다는 거야!
개미 도시에는 명령을 내리는 지도자가 없어. 하지만 사람이 만든 민주주의 국가보다 소통이 잘되고 더 잘 돌아가.

**개미 도시에서는 모두 자기가
해야 할 일을 알아서 잘해.
굶는 개미도 없고
따돌림을 당하는 개미도 없고
억울한 개미도 없어.**

모든 애벌레는 보호를 받고 안전하게 자라. 사람들 사회에는 고아도 있고 아동 학대도 일어나고 굶는 아이들도 있는데, 개미 도시에는 그런 게 없어. 배고픈 개미는 동료를 만나면 더듬이로 툭툭 쳐. 그러면 개미는 배 속의 모이주머니에서 먹이를 토해 배고픈 개미에게 나눠 줘. 이렇게 먹이를 모아 두는 모이주머니를 '사회위'라고 불러.

바쁘다, 바빠!

수천수만 마리가 모여 사는 군집 생활을 잘하려면 의사소통이 잘 돼야 해. 개미는 너무 작아서 발성 기관도 없고 목소리도 못 내. 그런데 개미들이 말을 해! 페로몬을 주고받으며 소리 없는 말을 해.

개미는 페로몬으로 서로 소통해!

페로몬은 곤충들이 몸속에서 만들어 몸 밖으로 내뿜는 체외 호르몬이야. 페로몬의 종류가 아주 많아서 그때그때 필요한 페로몬을 내보내.

"수개미들아, 공주 개미가 여기 있다."

"정신 차려!"

"위험! 위험! 적이 침입했다."

"먹이가 있는 곳을 알려 줄게! 따라와!"

개미들이 줄 지어 가는 걸 본 적 있어? 페로몬 냄새 길을 따라 동료 개미들이 먹이를 향해 행진하고 있는 거야.

나폴레옹 보나파르트 황제의 초상
장 뒤페, 1809년

여왕벌은
하루 종일
알만 낳아

둥둥! 둥둥!
오늘은 나폴레옹 보나파르트가 프랑스의 황제로 등극하는 대관식 날이야.
황금 월계관을 쓰고, 황금 실로 수놓은 예복을 입고, 황금 덧버선을 신고, 황금 머리가 달린 기다란 홀을 들고, 황금으로 장식된 옥좌 앞에 당당하게 서 있어. 이 그림 앞에 서면 백성과 신하들이 저절로 황제를 우러러보게 될걸.
나폴레옹의 키가 168센티미터인데 이 그림 속에서는 키가 2미터를 넘어. 황제는 일부러 이렇게 커다란 초상화를 화가에게 주문했을지도 몰라.
"뒤페 씨! 내 키가 2미터가 넘으면 훨씬 더 멋져 보일 것이오."

이 그림을 그린 장 뒤페는 나폴레옹과 나이가 딱 한 살 차이야.
파티에서 만났다면 친구가 되었을지도 모르는데 지금은 황제의
초상화를 그리고 있어. 가장 위엄 있고 당당하게 황제를 표현하려고
고심하면서.
반들반들 윤이 나는 예복과 주름이 잡혀 흘러내리는 최고급 망토를
좀 봐. 하얀 털이 얼마나 보드랍고 따스할지 손으로 만지는 것처럼
생생해. 진짜보다 더 진짜같이 그린 사실적인 그림이 황제의
초상화에는 잘 어울려.
그런데 이상해. 어쩐지 황제의 얼굴만은 인형처럼 느껴져.
크고 검은 눈동자 때문일까? 너무 뾰족한 코 때문일까?
빨간 입술 때문일까?
나폴레옹 황제는 무슨 생각을 하고 있는 걸까?
잠깐! 이 책은 곤충에 관한 이야기잖아. 그런데 곤충이 어디에 있다는
거야? 테이블 밑에 숨어 있나? 치렁치렁 옷 밑에 있나?
도대체 어디에 있지?
앗, 찾았어!
나폴레옹의 자주색 망토와 의자를 봐.
황금 실로 꿀벌이 수놓여 있어!
뒤페는 그림 속에 꿀벌 수십 마리를 그려 넣었어. 어쩌면 황실의
재봉사가 꿀벌을 수놓은 망토를 만들어 주었는지도.

그런데 꿀벌을 넣은 건 단순히 망토를 장식하려는 게 아니야. 바로 바로 꿀벌이 황실과 황제를 상징하는 동물이기 때문이야.
하하, 겨우 꿀벌이 말이야?

사자도 아니고, 코끼리도 아니고, 조그만 꿀벌이 황제를 상징하는 동물이라는 거야!

그거 이유가 있어. 생각해 봐. 사자 왕이나 코끼리 왕은 없지만 여왕벌은 정말로 있어.
여왕벌은 꿀벌 집단에서 가장 큰 벌이야.
여왕벌의 배는 일벌보다 더 길고 윤기가 흘러.
여왕벌은 먹이 따위를 구하러 더운 여름날 붕붕 날개를 흔들며 꽃꿀을 찾아 날아가는 힘든 노동 따위는 하지 않아. 하루 종일 일벌들이 먹이를 대령하고 몸단장을 해 줘.
여왕벌은 영양가 높은 로열 젤리만 먹고 일벌보다 10배쯤 더 오래 살아!

일벌은 언제나 여왕벌을 떠받들어. 여왕벌의 몸을 닦아 주고,
여왕벌이 먹을 로열 젤리를 대령해. 그러니 여왕벌이 군림하는
꿀벌들이야말로 황제의 권위를 높여 주기에 딱 맞는 동물이라니까.
하지만 정말 그럴까?
일벌들은 일사불란하게 여왕벌에게 복종하는 것처럼 보여. 하지만
천만의 말씀이야. 여왕벌은 일벌들을 지휘하지 않고, 명령을 내리지도
않아.

여왕벌이 하는 일은 하루 종일
알을 낳는 거야!

여왕벌의 배가 특별히 길쭉한 것도 그 속에 수벌로부터 받은 정자가
백만 개쯤 들어 있기 때문이야. 여왕벌은 거의 1분에 1개씩, 하루에
1,000~2,000개씩 알을 낳아!
그러다가 어느 날 여왕벌이 일벌들에게 푸대접을 받기 시작해.
여왕벌에게 로열 젤리도 조금씩만 줘. 여왕벌이 무슨 잘못이라도 한
걸까?
여왕벌은 잘못이 없어. 그저 해가 지나고 그만큼 더 늙었을 뿐, 벌집에
젊고 새로운 여왕벌이 등장할 때가 된 거야.

육아방에서 새 여왕벌이 될 애벌레가
자라고 있어.

새 여왕벌이 될 애벌레는 처음에는 특별한 게 하나도 없어. 일벌이 될 애벌레들과 생김새도 크기도 똑같아.

평범한 애벌레를 여왕벌로 만드는 건 바로 바로 일벌들이야!

일벌은 큰턱 샘에서 끈적끈적한 젖을 분비해 애벌레에게 먹이는데 그게 바로 로열 젤리야. 일벌은 모든 애벌레에게 공평하게 로열 젤리를 먹이다가 며칠이 지나면 먹이를 꽃가루로 바꿔. 하지만 몇 마리에게는 로열 젤리를 계속 먹여. 로열 젤리만 먹고 자란 애벌레들만이 몸집이 크게 자라고 난소가 발달해!

알 방에서 가장 먼저 나온 여왕벌이 새 여왕벌로 등극하고, 늙은 여왕벌은 일벌 무리 얼마를 데리고 벌집을 떠나.

그림을 그린 뒤페와 나폴레옹 황제가 이 사실을 알았다면 예복에 꿀벌을 넣었을까?

황제 폐하, 평범한 애벌레를 여왕벌로 키우는 건 일벌이라고요!

초충 영모 어해 산수 도첩(부분)
김익주, 조선 시대, 국립 진주 박물관
ⓒ 국립진주박물관

꿀벌 집에는 우두머리가 없어

앗, 여기에도 꿀벌이 있어.
붕붕!
조그만 일벌들이야. 2마리가 원추리꽃을 향해 날아와. 2마리는 벌써 꿀을 모으고 다른 꽃을 찾아 사이좋게 날아가.
보일락 말락 꿀벌의 날개를 좀 봐. 꿀벌은 1분에 1만 번 넘게 날갯짓을 하는데, 부우우우웅— 엄청나게 빠른 날갯짓 소리가 들리는 것 같지 않아?
그림 위쪽에는 네발나비가, 그 옆에는 제비나비가 팔랑거려.
땅에는 더듬이가 기다란 곤충 2마리가 열심히 땅을 들여다보고 있어.
콩중이야!
하하, 이름이 너무 웃겨.

이 그림은 11폭으로 된 〈초충 영모 어해 산수 도첩〉 중에 한 장이야.
제목이 복잡하지만 뜻을 알면 쉬워. '초충'은 풀과 곤충, '영모'는 새와
네발 동물, '어해'는 물고기와 나머지 물속 동물, '산수'는 자연의
풍경을 말해.

이 그림을 그린 김익주는 조선 시대에 드문 직업 화가인데, 도화서
같은 국가 기관에 소속되지 않고 자유로운 신분으로 그림을 그렸어.
그래서인지 원추리꽃 줄기도 시원하고 자유롭게 보여. 나비는
우아하고 힘이 있고, 꿀벌은 귀엽고, 콩중이는 재미있어. 콩중이는
풀밭이나 강변에서 볼 수 있는 메뚜기 종류야. 콩중이 2마리는
더듬이를 쿵쿵거리며 땅 위에 뭐가 떨어져 있나 찾고, 꿀벌과 나비는
꿀을 찾으러 나온 길이야.

**그림 속의 꿀벌은 부지런한 꿀벌이 틀림없어.
꿀을 담고 또 꿀을 구하러 금방 날아가잖아.
부지런한 꿀벌은 하루에 열 번 이상
꽃밭과 벌집을 왔다 갔다 해.**

꿀벌은 꽃꿀과 꽃가루를 모아 벌집으로 가져가. 자기가 먹는 건 아주
조금뿐이야.

꿀벌이 꽃가루를 나르고 있어.
꽃가루를 뭉쳐 다리에 잘 붙여 놓았어.

하지만 꿀벌이라고 다 부지런한 건 아니야. 하하, 하루에 겨우 세 번 비행하고 빈둥거리는 게으른 꿀벌도 있다니까!
그래도 벌집에는 언제나 식량이 넉넉해.
꿀벌은 육각형 방에 차곡차곡 식량을 채우는데, 꿀과 꽃가루를 따로따로 다른 방에 넣어. 꿀 방이나 꽃가루 방이 가득 차면 자기 몸에서 밀랍을 뽑아 입구를 덮어 꼭꼭 밀봉을 해.
꿀벌은 아주 영리해서 아무 꽃이나 찾아가지 않고, 하루 동안에 같은 꽃을 계속 찾아다녀. 아침에 벚나무 꽃을 발견했으면 그날은 계속 벚나무 꽃꿀만 모으는 거야. 그러면 벚나무 꽃을 발견하거나 벚나무 꿀을 모으기가 익숙해져서 아무 꽃이나 찾아가는 것보다 더 빨리 더 많이 꽃꿀을 모을 수 있어.

꿀벌은 나이가 들수록 똑똑해져!

어릴 때는 벌집을 청소하고 알들을 돌보다가 나이가 들어 경륜이 쌓이면 꿀을 찾으러 나가. 꿀벌이 하는 일 중에 꿀이 가득한 꽃을 찾아 꿀을 모아 오는 게 가장 어려운 일이거든. 꽃밭의 위치를 잘 기억했다가 벌집에 있는 동료 꿀벌들에게 알려 줘. 춤으로 말이야!

꿀벌이 춤추는 걸 본 적 있어?

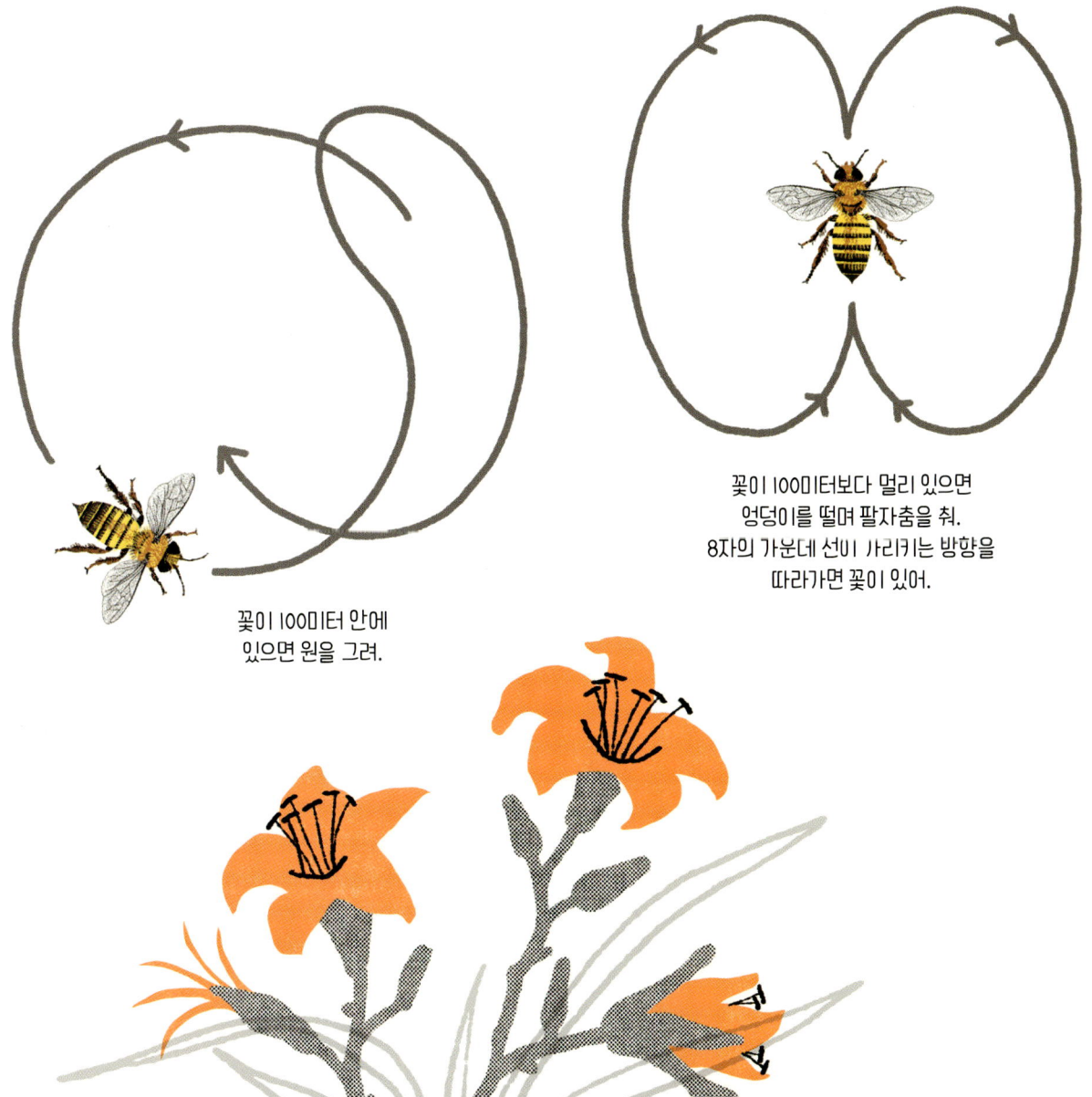

꽃이 100미터 안에 있으면 원을 그려.

꽃이 100미터보다 멀리 있으면 엉덩이를 떨며 팔자춤을 춰. 8자의 가운데 선이 가리키는 방향을 따라가면 꽃이 있어.

여름철에 꿀벌 1마리는 하루에 최대 3,000개의 꽃송이를 방문해.
1년 동안 꿀벌 군락의 총 비행 거리는 2,000만 킬로미터에 이르러.
2,000만 킬로미터라니!
달과 지구를 무려 66번 오간 거리야!
너무나 힘들겠어!

**꿀을 수집하는 수집 벌은
너무 힘이 들어서 잠을 많이 자.
밤에 충분히 자지 못하면
꽃잎에 앉아 졸기도 해!**

이렇게 힘든데도 이상해. 신기해.
아무도 시키지 않는데 벌들이 알아서 일을 해.
꽃이 많고 꽃꿀이 풍성할 땐 저절로 수집 벌의 수가 늘어.
꽃이 별로 없으면 저절로 수집 벌의 수도 줄어!
주변을 살피고 지휘하는 우두머리가 없는데도 벌집은 척척 돌아가.
어떻게 말이야?

수집 벌은 꽃이 많을 때는 더 신나게 춤을 출 뿐이야.

꽃밭이 작으면 느리고 시들한 춤을 출 뿐이야.

기운이 넘치는 춤은 더 많은 꿀벌들의 관심을 끌고, 꿀벌들이 더 많이 출동해!

이거 해, 저거 해, 명령을 내리는 지휘자가 없어도

꿀벌 집에는 꿀이 모자라는 일이 없고, 애벌레가 굶는 일이 없고,

벌집이 청소를 안 해 지저분해질 일이 없어. 벌집이 너무 추워지면

벌들이 모여 몸을 떨면서 난방을 하고, 벌집이 너무 더워지면

물방울을 뿌려 시원하게 만들어.

꿀벌 집은 세상에서 가장 민주적인 곳이야.

아무도 시키지 않는데 꿀벌 사회가 잘 돌아가.

잠자리
에밀 베르농, 1800년대 말~1900년대 초

잠자리는
육식 곤충이야

이 그림의 제목은 〈잠자리〉야.
그림을 그린 사람은 프랑스의 초상화가 에밀 베르농인데, 잠자리가
자신의 초상화를 그려 달라고 부탁하진 않았을 테니 주인공이
잠자리일 리는 없어. 그런데도 제목이 잠자리야.
그림 속 아름다운 여자가 화가에게 물었을지도 몰라.
"주인공은 난데 제목이 왜 잠자리냐고요!"
그림 속 여인이 정말로 이런 질문을 했다면 화가는 아마도 이렇게
대답했을걸.
"음…… 그건 말이죠. 잠자리 덕분에 당신의 아름다움이 더욱 빛을
발하기 때문이라오!"
정말 그렇게 보여?

여인의 손끝에 있는 게 메뚜기라면 웃겼을걸.
꽃이나 나비나 종달새라면 평범한 그림이 되었을 거야.
잠자리라서 예사롭지 않은 그림이 되었어!
잠자리를 내려다보는 여인의 눈을 좀 봐. 눈길 한 번만으로 잠자리를 길들일 것 같아.
입가에는 도도한 미소가 희미하게 흘러.
그림 속 여인은 알았을까? 몰랐을까?
손끝에 조용히 앉아 있는 조그만 잠자리가 알고 보면 얼마나 무시무시한 육식 동물인지 말이야. 잠자리가 사람에게 덤비지 못하는 조그만 곤충인 게 다행이라니까.
하늘하늘 투명한 날개를 달고 풀 끝에 얌전히 앉아 있는 잠자리를 보거든 생각해.

잠자리는 날아다니면서 사냥하는 무서운 육식 곤충이야!

잠자리는 환한 대낮에 사냥을 해.
뛰어난 시력과 비행 기술로 공중에서 단번에 먹이를 낚아채 크고 단단한 턱으로 우걱우걱 씹어 먹어!

잠자리가
지구 최고의 사냥꾼이라면
믿을 수 있겠어?

동물의 왕 사자의 사냥 솜씨도, 천하무적 백상아리의 사냥 솜씨도
잠자리의 기술에 비하면 칠칠하지 못하게 보일 정도야.
사자의 사냥 성공률이 겨우 25퍼센트야.
상어의 사냥 성공률은 50퍼센트이고.

믿어져?
잠자리의 사냥 성공률은 무려 95퍼센트야!

잠자리는 한번 노린 먹이를 놓치는 법이 거의 없어. 2015년에 미국의 곤충학자들이 특수 센서를 잠자리의 머리와 몸통, 날개에 부착하고 파리를 사냥하는 모습을 고속 촬영했어.
잠자리는 단순히 먹잇감을 뒤쫓는 게 아니었어. 마치 야구 선수가 날아오는 공의 방향을 예측하고 공을 잡듯이 파리의 이동 방향을 예측하고 파리를 낚아채.
그 전까지 곤충학자들은 이런 기술은 치타나 사자 같은 포유류 사냥꾼들만 부릴 수 있는 줄 알았어. 그런데 쌀알보다 작은 뇌를 가진 잠자리가 그걸 한다는 거야!

잠자리는 빨라.

잠자리는 빨리 날면서 온갖 기술을 부려.

곤충 올림픽이 있다면 잠자리는 금메달을 따고 슈퍼스타가 되고도 남을걸. 1998년 미국 플로리다 대학 곤충학과에서 곤충 올림픽 챔피언을 선정했는데, 1등에 최대 시속 145킬로미터로 등에가 뽑혔어. 2등은 왕잠자리야. 최대 시속 100킬로미터! 하늘하늘한 날개로 고속도로를 질주하는 자동차만큼 빠른 속력을 낼 수 있다는 거야. 아쉽게도 빨리 날기 종목에서 1등을 내주었지만, 곤충 올림픽에 비행 기술 종목이 있다면 단연코 잠자리가 1등이야.

뒤로 날기, 정지 비행, 360도 회전하기, 뒤집기, 급강하, 급상승, 급선회까지!

잠자리가 못 부리는 기술은 날면서 잠자기 정도일걸.

그런데 잠자리가 날아다니면서 사냥하는 최고의 사냥꾼이 될 수 있었던 건 빠르고 정교한 비행 기술 때문만은 아니야. 잠자리의 머리에 비밀이 있어.

잠자리의 머리를 좀 봐 줄래?

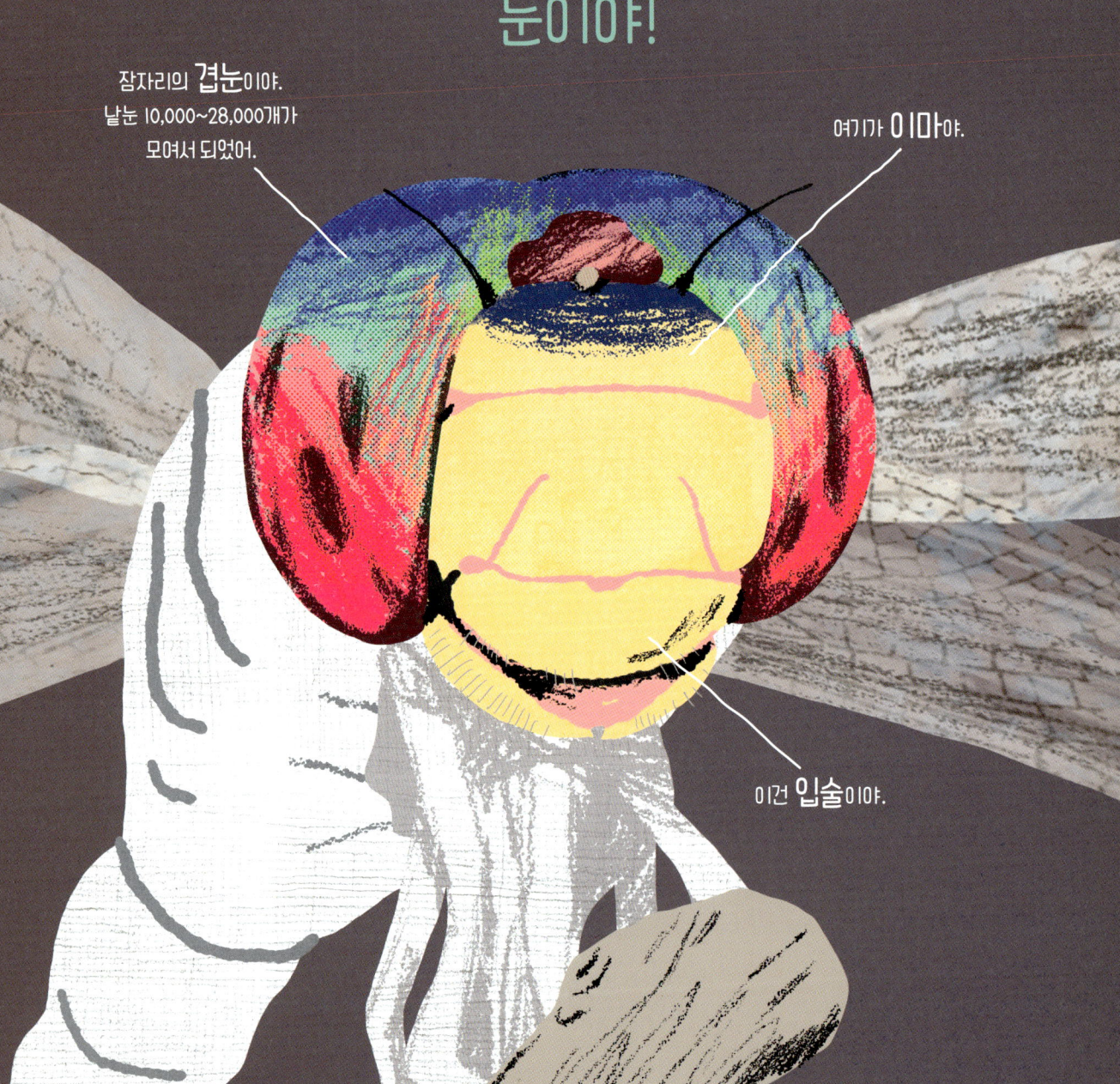

잠자리의 커다란 눈은 사냥감을 찾고 쫓는 데 탁월해. 툭 튀어나온 왕방울 눈으로 사방팔방을 볼 수 있어. 앞쪽, 옆쪽, 위쪽, 아래쪽, 심지어 뒤쪽까지도 볼 수 있다니까.

잠자리는 뛰어난 시력으로 20미터 앞에 있는 파리의 움직임도 알아볼 수 있어. 잠자리한테 20미터라면 사람에게는 600미터쯤 떨어진 것과 비슷해. 600미터 떨어진 공원의 벤치 위에 햄버거가 놓여 있는데 그걸 볼 수 있다는 거야!

하지만 잠자리가 아무리 뛰어난 사냥꾼이라도 잠자리가 조금만 먹는 소식 곤충이라면 곤충들에게 그렇게 두려운 존재는 아닐지 몰라.

잠자리는 엄청난 대식가야. 하루에 자기 몸무게의 100배쯤 먹어!

잠자리는 하루에 모기 200마리쯤을 해치우고, 파리 30마리쯤도 차례차례 쉬지 않고 먹을 수 있어. 우걱우걱 우걱우걱! 우걱우걱 우걱우걱!

잠자리는 육식 곤충이야

꽃과 나비(화접도)
남계우, 조선 후기, 국립중앙박물관

나비의 날개는 왜 아름다울까?

그러게 말이야!

어떤 사람들은 나비에 반해 평생 나비를 쫓아다녀. 나비를 수집하고 또 수집하고, 머릿속에는 나비 생각밖에 없어.

이 그림은 바로 그런 사람이 그렸어.

우리나라 최고의 나비 그림이야!

그렇다면 좀 더 자세히 보고 싶어.

그런데 아휴, 그림이 너무 작아.

하는 수 없지. 그림의 실제 크기를 상상하며 보기로 해.

이 그림의 실제 크기는 세로로 128센티미터쯤 돼. 그러니까 꽃과 나비가 거의 실물 크기로 그려져 있다는 뜻이야. 실물 크기의 나비와 꽃이 눈앞에 있다고 상상해 봐.

이 그림의 제목은 〈꽃과 나비〉야. 말 그대로 꽃과 나비라는 뜻이야.
조선 시대, 나비 그림의 일인자 남계우의 작품이야.
〈꽃과 나비〉는 두 폭으로 된 그림인데, 어느 쪽 그림이 더 아름다운지
대결이라도 하는 것처럼 국립중앙박물관에 나란히 걸려 있어.
하하, 이런 푯말도 있으면 좋겠는데.
'하룻밤 빌려드려요!'
아침에 일어나 나비를 보면 기분이 좋아질 거야. 정말로 나비에게
둘러싸여 있는 기분이겠지?
남계우는 별명이 남나비야. 나비를 너무 좋아하고 평생 나비만 그려
친구들이 그렇게 불렀다는 거야. 집 안으로 날아들어 온 나비를 쫓아
10리나 뛰어갔다는 이야기가 전해져.
촐싹대며 뛰어다니는 법이 결코 없는 양반집 도련님이 겨우 나비 몇
마리를 쫓아 두루마기도 제대로 갖추어 입지 않고 길거리를 내달리는
모습을 상상해 봐.
남계우의 방은 나비 박물관이라고 해도 좋아. 나비를 채집해
책갈피에 넣고 말렸다가 수시로 관찰해.
남계우는 그림을 그릴 때 금가루가 박힌 고급 종이를 쓰곤 했는데,
보여? 그림에 크고 작은 점들이 있어.
진짜 금으로 된 점이야!
나비들이 금박 눈을 맞으며 춤을 추고 있는 것 같아!

나비는 너무 예뻐서 신기한 곤충이야!

나풀나풀 날아다니는 나비를 보면 잡아먹고, 쫓기고, 숨고, 먹고…….
동물의 고달픈 삶이라곤 조금도 느껴지지 않아.
날개를 살포시 접고 꽃에 내려앉을 때도, 꽃꿀을 먹을 때도 나비는
우아하기 짝이 없어.

돌돌 말린 입을 좀 봐!
이건 무언가를 우걱우걱
씹어 먹는 입이 아니야.

이런 입으로는 꽃꿀 조금, 물 조금…… 액체로 된 먹이를 조금씩만
빨아 먹을 수 있을 뿐이야.
나비는 꽃에 앉아 발로 맛을 보는데, 단맛이 느껴지면 돌돌 말린 입이
빙그르르 자동으로 풀려!
나풀나풀 나비의 날개도 멋져. 날아다니는 동물 중에 나비만큼 예쁜
날개를 가진 동물이 있으면 나와 보라고 해!
사뿐사뿐! 살랑살랑! 팔랑팔랑!
이런 말이 어울리는 건 이 세상에 나비밖에 없을걸. 나비는 아름답기
위해 태어난 동물 같아. 이 세상에 그런 목적으로 태어난 동물이 있을
리 없는데도 말이야.

나비는 왜 날개가
아름답고 클까?

나비는 커다란 날개를 펄럭이며
열을 식혀!

나비는 봄과 여름 한낮에 날아다니느라 태양 빛 아래에서 체온이 올라가기 쉬워. 나비는 크고 얇은 날개를 펄럭여 열을 내보내. 날개를 빨리 펄럭일수록 열이 더 잘 발산돼.

수많은 종류의 나비들이 한곳에 섞여 살아도 나비는 커다란 날개에 새겨진 화려한 무늬와 색깔로 자기 종을 쉽게 알아볼 수 있도록 진화했어. 동글동글, 삐뚤빼뚤, 구불구불, 알록달록⋯⋯ 날개에 다양한 무늬가 있어. 노란색, 파란색, 하얀색, 초록색, 주황색, 밤색⋯⋯ 색깔도 가지가지야. 전 세계에 18,000~20,000종에 이르는 나비가 있는데 그 많은 날개의 색깔과 무늬가 모두 달라!

우리도 해 볼까?

종이를 가져와, 아주 많이. 색연필이랑 물감도 가져와.

나비 날개 18,000개를 만들어! 단, 모두 다른 무늬를 상상해야 해!

컴퓨터라면 모를까. 우리는 하지 못하는 걸 자연은 했다는 거야.

하지만 이상해. 깜깜한 밤에는 나비 날개의 아름다운 색깔이 사라져 버려!

하하, 밤이라서 안 보이는 거잖아.

아니, 정말로 색깔이 없어. 해가 떠올라 날개를 비추면 그제야
아름다운 색깔과 무늬가 생겨나!

어떻게 된 거야?

2008년에 일본 오사카 대학 연구팀이 모르포나비의 아름답고
신비로운 파란색에 반해, 파란색 색소를 얻어 염료를 만들 수 있을까
하고 모르포나비를 사로잡아 날개를 문질러 보았어.

그런데 이럴 수가!

나비의 날개는 미세한 비늘 가루로 촘촘히 덮여 있어. 그런데 날개를
문질러도 무색의 비늘 가루들만 떨어져 나올 뿐이었어.

나비의 날개 색깔은 색소가 아니라 비늘 가루의 나노 구조 때문에
생겨나는 거였어! 미세한 비늘 가루들이 조그만 기와를 층층이 얹어
놓은 것처럼 규칙적으로 배열되어 있는데, 여기에 빛이 부딪혀
반사되고 흡수되고 산란되면서 색깔이 생겨나. 그래서 비늘 가루가
떨어지면 날개는 그만 칙칙하게 변해 버려!

그러니 혹시라도 나비를 잡아 날개를 문지르면 안 돼.
비늘 가루가 떨어져 나가면, 날개에 색깔이 안 생기고 나비는
짝짓기를 할 수 없어. 자기 무리와 어울릴 수 없어!

병아리와 나비
프란츠 자베르 버킹어, 19세기

공작나비를 보러 와

화가의 정원인가 봐.
병아리 5마리가 외출을 나왔어.
삐악삐악!
병아리를 따라 화가도 살금살금 걸어가고 있어.
병아리가 멈춰. 괴상한 것을 발견했거든.
화가도 따라 멈춰!
쪼그리고 앉아 슥삭슥삭 드로잉을 시작해.
병아리들이 갸웃갸웃, 목을 빼고 뚫어지게 바라봐.
풀잎에 이상한 게 있네.
어라, 눈알이잖아!
하나, 둘, 셋, 넷! 눈알이 네 개야!

하하, 병아리야. 그건 눈알이 아니라 공작나비란다!

공작나비는 날개에 무서운 부엉이나 뱀의 눈알을 닮은 무늬가 있어. 자기를 잡아먹는 포식자를 놀래 주려고 있는 거야.

하지만 병아리에게는 안 통해. 도망가기는커녕 오히려 신기해서 더 들여다보잖아. 공작나비가 당황하겠는걸.

아하! 어른 새가 아니라 새끼 새라서 부엉이나 뱀이 얼마나 무서운 놈인지 아직 모르는 거야.

하지만 공작나비야, 안심해도 돼. 아직은 그냥 귀여운 병아리일 뿐이니까.

그런데 어쩌다 공작나비가 정원에 날아들었을까?

공작나비는 보통 고산 지역에 사는 나비인데, 여기가 혹시 화가의 정원이 아니라 산속인 걸까?

그럴 리가! 병아리가 졸졸 졸졸 산으로 올라갈 수는 없지 않겠어?

화가에게 직접 물어보고 싶지만, 쩝! 벌써 120년도 더 전에 돌아가신 분이니…….

하지만 공작나비가 정말로 산 아래 마을 정원에 나타났는지 몰라.

나비는 산 아래에서 산봉우리까지, 이 산에서 저 산으로 단숨에
날아갈 수도 있어. 그러니 산 위에서 산 아래쯤이야. 수천 킬로미터
대이동을 하는 나비들도 있는걸!
나비의 날개가 연약해 보여?
모르포나비는 장장 5,000킬로미터를 여행할 수 있어!
캐나다에 살고 있는 제왕나비들은 날씨가 슬슬 쌀쌀해지는 가을이
되면 수만 마리가 함께 따뜻한 남쪽으로 대이동을 시작해. 숲을 지나,
강과 들판을 지나, 도시를 지나 계속 계속 멀리멀리 날아가.

**몸무게는 겨우 0.45그램,
날개는 10센티미터도 되지 않는데
지구 둘레의 4분의 1이나 되는 거리를
날아간다는 거야!**

왕나비는 우리나라 제주도에서 태어나 겨울을 나고 북쪽으로
날아가는 아름다운 나비야. 태백산맥을 지나 멀리 압록강까지 이동해.
아프리카에서 유럽 대륙의 북쪽 노르웨이 바닷가까지 여행하는
나비도 있어. 아프리카 알제리에 살고 있는 작은멋쟁이나비야.

공작나비, 모르포나비, 왕나비, 작은멋쟁이나비는 모두 네발나빗과에 속해.

네발나비라고?
다리가 4개라는 거야?
곤충은 다리가 6개인데!

네발나비는 앞다리 2개가 퇴화되어 다리가 꼭 4개처럼 보여. 다른 곤충과 달리 어떤 이유로 앞다리가 짧게 퇴화했는지 궁금하기 짝이 없지만 곤충학자들도 아직 모른다는 거야.

네발나비는 걸을 때에도 다리 4개로만 걸어. 짧은 앞다리는 접어 놓고 있다가 꽃잎에 앉아 맛을 볼 때, 알 낳을 잎을 잘 찾았는지 두드려 볼 때 사용해.

네발나비는 전 세계에 6,000여 종이 있고, 우리나라에 있는 나비의 70퍼센트가 네발나빗과야. 네발나빗과에는 공작나비처럼 날개에 눈알 무늬가 있는 나비가 많아.

눈많은그늘나비는 이름도 웃겨. 정말로 눈알이 많아서 붙여진 이름이라니까. 날개 앞면에 20개, 뒷면에도 20개. 날개 가장자리를 따라 눈알 무늬가 모두 40개야!

우리 눈알을 좀 봐!

눈많은그늘나비

아르테미스흰뱀눈나비

외눈이지옥사촌나비

아르테미스흰뱀눈나비는 커다란 눈알 무늬를 내보이며 작은 새들을 놀라게 해.

'나는 뱀이야.
절대 나비가 아님!'

외눈이지옥사촌나비는 날개 끝에 눈알 무늬가 있어. 그건 이런 뜻이야.

'꼭 쪼아야겠다면 이곳을 쪼아라.
이곳이 가장 중요한 곳이다!'

하하, 새들이 잡아먹으려 달려들어도 눈 모양이 있는 곳이 머리라고 착각해서 그곳을 공격하는 거야. 외눈이지옥사촌나비는 몸의 일부분만 내어 주고 도망을 치고!
이빨도 발톱도 없고, 독도 없고, 빨리 날지도 못하고, 눈에도 잘 띄는 나비에게 눈알 무늬가 있어서 다행이야!

까치밥나무 가지와 나비, 딱정벌레, 모충, 곤충들이 있는 정물화
얀 반 케셀, 17세기, 개인 소장
© Bridgeman Images - GNC media, Seoul, 2023

애벌레와 번데기

이 그림은 제목이 한참 길어. 〈까치밥나무 가지와 나비, 딱정벌레, 모충, 곤충들이 있는 정물화〉라니, 이름만 들어도 아주 복잡한 그림 같지 뭐야.

아닌 게 아니라 나비, 풍뎅이, 개미, 노린재, 무당벌레와 애벌레까지 곤충들이 와글와글 모여 있어.

안녕! 나뭇가지 위에서는 작은멋쟁이나비와 배추흰나비가 무어라 무어라 인사를 나눠. 하지만 부전나비는 관심이 없어. 뒤돌아서서 열매만 두드리고 있잖아. 위쪽 귀퉁이의 풍뎅이 두 녀석은 까치밥나무 열매를 안 좋아하나 봐. 너나 먹어! 하고 앞서거니 뒤서거니 돌아가고 있는걸. 무당벌레 애벌레 1마리가 열매에 달라붙어 열심히 탐색을 하고, 뭐야? 뭐야? 하면서 기다란 나비 애벌레도 구불구불 열매로 기어와.

애벌레와 번데기

하하, 정말로는 곤충들이 이렇게 한자리에 모여서 떠들 리는 없어.
자세히 보면 나뭇가지와 열매, 곤충들이 맨바닥에 덩그러니 놓여
있는 그림일 뿐이야.
곤충 도감 같기도 하고 식물도감 같기도 해.
이 그림을 그린 얀 반 케셀은 1600년대에 살았던 네덜란드의 화가야.
그 무렵 엄숙한 분위기의 꽃 정물화가 유행했는데, 꽃과 함께 곤충도
2, 3마리 그려 넣었어. 인생은 아름답지만, 아름답지만은 않고 죽음이
기다리고 있다는 걸 늘 기억하라고 말이야.
곤충은 얼마 살지 못하고, 썩은 음식에 꼬여 들고, 어쩐지 음침하게도
보이잖아? 얀 반 케셀은 그래서 까치밥나무 열매와 함께 곤충을
그렸을 거야. 하지만 케셀은 곤충을 무척 좋아하는 사람이
아니었을까?
그림 속 곤충들을 봐.
나비도 벌도 개미도 풍뎅이도 애벌레도, 까치밥나무가 여는
무도회에라도 온 것처럼 즐겁게 보여.
하지만 제일 신이 난 건 애벌레 2마리일걸. 먹을 게 많아서 말이야.

애벌레는 먹는 걸 너무 좋아해!

애벌레는 쉬지도 않고, 놀지도 않고, 먹고 먹고 먹고 먹고 먹고 먹고 먹고, 또 먹어!

애벌레는 날개도 없고, 더듬이도 없고, 겹눈도 없어. 하지만 먹이를 씹어 먹는 튼튼한 턱이 있어. 턱이 뇌보다 더 중요할 지경이라니까!

애벌레가 알에서 깨어나자마자 하는 일이 자기 알껍데기를 먹고, 계속 계속 먹는 일이야.

알에서 나오자마자 먹을 수 있도록 엄마 나비는 애벌레가 좋아하는 이파리에 알을 꼭 붙여서 낳아 주었어.

먹고 자라고 먹고 자라고…….

알에서 깨어나 다 자란 애벌레가 되는 동안 몸무게가 거의 1,000배쯤 불어나. 사람에게 이런 일이 일어난다면 3킬로그램짜리 아기가 3,000킬로그램이 넘는 거인이 된다는 무시무시한 이야기잖아. 헐!

그런데 어쩌다 애벌레는 먹보가 된 거야?

그건 애벌레에게 이상하고, 기이하고, 놀라운 일이 일어나야만 하기 때문이야. 이제 곧 엄청나고 놀라운 변신을 해야 해!

애벌레와 나비는 달라도 너무 달라. 커다란 겹눈, 돌돌 말린 입, 기다란 더듬이와 다리, 아름다운 날개, 짝짓기를 할 수 있는 생식 기관, 이런 건 애벌레에게 없어. 아무것도 없는데 새로 생겨나야 해! 영양분과 에너지가 엄청나게 비축되어 있지 않다면 절대 할 수 없는 일이야.
그래서 애벌레는 그렇게 먹어 대는 거야.
하지만 먹보 애벌레가 더 이상 먹지 않는 날이 와.
애벌레가 적당한 나뭇가지나 잎을 찾아. 입에서 실을 뽑아 나뭇가지나 잎에 몸을 잘 고정한 다음 허물을 벗어. 물렁물렁 애벌레는 안 보이고 딱딱한 번데기가 모습을 드러내!

**번데기가 된다는 건 놀라운 일이야.
무시무시한 일이고!**

번데기는 단백질 스프로 가득 찬 주머니 같아! 번데기의 껍질은 딱딱하지만 껍질 속은 흐물흐물 액체나 다름없어. 휴, 다행이야!
우리에게는 번데기 시절이 없어서 말이야.
처음엔 번데기 속에 세포가 50개쯤밖에 없지만 세포 분열이 빠르게 일어나 더듬이, 날개, 겹눈, 생식 기관들이 생겨나. 일주일쯤 지나면 번데기의 껍질이 갈라지고 나비가 머리를 내밀어!

아직 날개에 힘이 없어.
나비야, 얼른 날개를 펴고
하늘로 날아올라!

그런데 번데기 시기를 거치지 않는 곤충들도 있어. 애벌레가 여러 차례 허물을 벗으면서 차츰차츰 어른벌레의 모습으로 변해 가. 이렇게 어른벌레가 되는 과정을 못갖춘탈바꿈이라 불러.
못갖춘탈바꿈은 비록 번데기 시기는 없지만 애벌레가 마지막 허물을 벗을 때에 날개가 돋아나.
매미, 메뚜기, 바퀴벌레, 잠자리, 귀뚜라미…… 애벌레 들이 그렇게 어른벌레가 돼.
나비, 꿀벌, 개미, 풍뎅이, 하늘소, 파리, 모기 들은 번데기 시기를 거쳐 어른벌레가 돼. 갖춘탈바꿈이라 불러.

곤충은 왜 모두 탈바꿈을 할까?

곤충학자들이 이유를 생각해 봤어.
곤충은 작기 때문에 일생 동안 한 가지 모습으로 사는 것보다 여러 모습으로 사는 게 살아남을 가능성이 높다는 거야. 조그만 곤충이 극심한 추위와 극심한 더위를 이기기는 어려워. 하지만 알과 번데기 모습으로는 잘 견딜 수 있어!

애벌레는 먹고, 똥 누는 일만 해.
번데기는 먹지도 않고, 변신만 해.
어른벌레는 짝짓기하고, 알 낳는 일만 해.
아주 효율적인 방법이야!

어른벌레

번데기

애벌레

선반에 놓인 화병의 꽃 정물
라헬 라위스, 17세기, 조니 판 해프텐 갤러리
© Johnny Van Haeften Ltd., London / Bridgeman Images - GNC media, Seoul, 2023

나방이 가축이 되었어

마침내 화가가 그림을 완성했어.
거의 1년이나 그려서 완성한 그림이야!
네덜란드의 화가 라헬 라위스는 그림을 완성하는 데 시간이 오래 걸리기로 유명했어. 보고 또 보고, 까다롭게 더 까다롭게, 다듬고 또 다듬고…….
활짝 핀 꽃들이 그림 밖으로 튀어나올 듯해.
킁킁! 향기도 날 것 같은 착각이 들어.
꽃이 담긴 유리잔을 봐.
대리석 테이블도 보여?
테이블 위에 놓인 검고 두꺼운 비단도?
어느 것 하나 완벽하지 않은 게 없어.

라헬 라위스는 1700년대 유럽에 꽃 정물화로 명성이 자자했던 귀부인 화가야. 라헬은 18세에 화가가 되어서 70년 동안 그림을 그렸고, 100여 점의 그림을 남겼어. 그런데 모두 정물화야. 어쩌면 다른 그림을 그리고 싶었을지도 모르지만 그럴 수 없었어. 여자 화가들은 인물이 나오는 역사화, 종교화, 초상화를 그리면 안 되었기 때문이야. 세상에, 여자인 이유로 그리고 싶은 그림을 마음대로 그릴 수 없는 시절이 있었다니!

그렇지만 꽃 정물화는 라헬이 재능을 발휘하기 좋은 분야였던 것 같아. 라헬보다 섬세하고 우아하고 정교하게 꽃을 그리는 사람은 없었거든. 라헬의 꽃들은 평범하지 않게 보여. 깜깜한 배경 위에서 꽃들이 빛나고 있어. 너무나 활짝 피어서 내일이 지나면 져 버릴 것 같은 비극적인 느낌도 들어.

그런데 자세히 보면 그림 속 꽃들은 같은 계절에 피는 꽃이 아니야. 그런데도 그림 속에 함께 있어.

라헬의 아버지는 유명한 식물학자이자 해부학자였는데, 집에 '호기심 방'을 만들고, 동물 뼈와 해골, 돌멩이, 식물 표본들을 전시했어. 아버지는 식물 표본 만드는 솜씨가 뛰어났고, 아버지가 만든 식물 표본은 마치 살아 있는 꽃을 보는 듯했어. 아버지의 식물도감과 식물 표본 덕분에 라헬은 서로 다른 계절에 피는 꽃들을 한 화폭에 그릴 수 있었어.

어쩌면 아버지가 곤충 표본도 만들었는지 몰라. 그림 속에 나비가 있어. 찾았어?

작은멋쟁이나비가 꽃잎 사이에 앉아 있어. 꽃을 향해 날아드는 건 나비가 아니라 산누에나방이야. 앗, 산누에나방도 눈알 무늬가 있잖아! 당연하지. 나방은 나비와 함께 나비목 곤충이야. 나비목 곤충은 모두 입이 빨대처럼 생기고, 날개가 비늘 가루로 덮여 있어. 곤충 중에 그런 건 나비목뿐이야.

나방은 지구에서 아주아주 번성한 동물이야. 새와 물고기, 포유동물, 양서류와 파충류를 모두 합친 것보다 나방의 종류가 훨씬 더 많아. 무려 18만 종이나 돼!

나방은 나비목의 대표 곤충이라 할 수 있어. 나비보다 10배나 종류가 많아.

하지만 나방은 나비보다 인기가 없어.

나방은 대개 나비보다 크고 몸이 뚱뚱해. 털이 많아.

나비는 하늘하늘 날지만 나방은 퍼덕거리며 날아.

대왕박각시

밤나무산누에나방

긴꼬리산누에나방

우리는 나방이야!
우리도 멋져!

흰무늬왕불나방

털날개나방

왕물결나방

나방은 불빛을 보면 커다란 날개를 펄럭거리며 뛰어들어 사람들을
놀라게 해. 비늘 가루도 많이 흘려.
꿀벌부채명나방은 양봉업자들에게는 유명한 해충이야. 꿀벌 집을
망가뜨리고 꿀과 꽃가루, 애벌레, 벌통까지 먹어 치워.
탈박각시는 등에 해골 무늬가 있어. 불안하면 찍찍 소리를 내.
솔나방의 애벌레는 송충이인데 송충이가 소나무를 해친다고,
옛날에는 송충이를 잡아오라는 학교 숙제도 있었지 뭐야.

사람들은 나방을 별로 안 좋아해.
하지만 나방이 없다면
수많은 새와 동물들이
굶어 죽을걸!

나방은 종 수도 개체 수도 많아서 생태계의 중요한 먹이사슬
조절자야. 새, 개구리, 도마뱀, 박쥐 들이 나방과 애벌레를 먹고 살아.
가축이 되어 사람들에게 도움을 주는 나방도 있어. 양을 기르듯
누에나방을 길러!

하얗고 털이 많고
귀여운 누에나방이야.

누에나방은
사람에게 오랫동안
길들여져서 날지 못해.

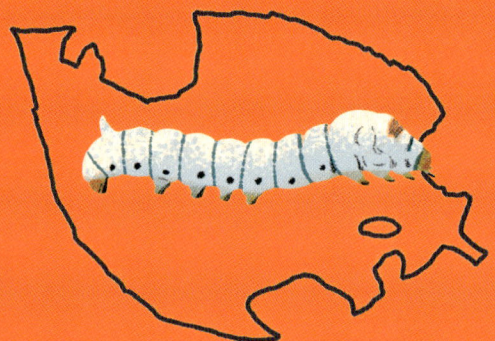

누에나방 애벌레를
누에라 불러.

누에가 입에서 명주실을
뽑아 고치를 만들어.
고치 속에 번데기가 있어.

동글동글 누에고치가 비단이 돼!

4600년쯤 전에 중국의 황후 서릉씨가 누에고치로 실을 만들 수 있다는 걸 발견했어. 하루는 서릉씨가 뽕나무 아래에 앉아 차를 마시고 있었는데, 누에고치 하나가 뽕나무에서 떨어져 뜨거운 찻잔 속으로 떨어졌어. 그런데 놀라운 일이 일어났어. 고치가 풀어져 기다란 실이 되었지 뭐야. 그걸로 천을 짰는데 그게 바로 비단이야!
누에나방 1마리는 알을 600개쯤 낳는데, 처음 태어난 누에는 새까맣고 작지만 탈피를 할 때마다 쑥쑥 커지고 하얀색으로 변해. 누에치기를 할 때는 누에의 알을 냉장고에 보관했다가 편리한 때에 꺼내 부화시켜. 누에를 키우는 방에서는 뽕잎 갉아 먹는 소리와 똥 누는 소리가 섞여 마치 비가 오는 소리처럼 들려. 20일쯤 지나면 누에는 입에서 실을 뽑아내 둥그스름한 고치를 지어. 그런 다음 고치 속에 들어가 번데기가 돼.
고치 하나에서 1,000~1,500미터나 되는 실이 나와!
누에는 버릴 게 없어. 누에똥은 가축의 사료로 쓰고, 번데기는 버리지 않고 삶아 먹어.

배와 곤충이 있는 정물화
유스투스 융커, 1765년, 슈테델 미술관

대단한 파리

커다란 배가 있네?
위쪽이 볼록 튀어나온 서양배야.
그런데 어딘지 웃겨.
배가 대리석 받침대 위에서 그리스 조각상이라도 된 것마냥 폼을
잡고 있잖아. 배라면 모름지기 식탁 위에 놓여 있거나 접시나
바구니에 담겨 있어야 하는 거 아니야?
이 그림을 그린 유스투스 융커는 1700년대에 살았던 독일의 정물
화가야. 유스투스 융커는 이런 그림을 사과로도 그렸어. 대리석
받침대 위에 덩그러니 사과가 놓여 있는 그림이야.
하하, 대화가께서 달랑 사과 1개, 배 1개를 이렇게 진지하게 그렸다니!
융커는 무얼 말하고 싶었을까 궁금해져.

음…… 흠…… 그림을 찬찬히 봐. 수상한 낌새를 눈치챘어?
파리가 냄새를 맡으며 배에 달라붙어 있고, 나비도 날아왔어.
아무래도 배가 신선하지 않은 것 같아!
자세히 보니 배의 오른쪽에 갈색 얼룩이 번져 있어. 껍질에는 갈색
반점이 생겼고. 이런! 얼마 있으면 배가 상하기 시작할 거라는 뜻이야.
그러고 보니 위엄 있게만 보이던 대리석 받침대도 너무 오래되었어.
무언가에 패인 듯 갈라져 있고, 이끼도 끼어 있잖아.
이제 곧 배는 흐물흐물 썩어 갈 거야. 나비가 단물을 빨아 먹고,
파리와 세균과 곰팡이가 먹어 치울 거야.
배는 자기가 영웅인 듯 대리석 받침대 위에 올려져 있지만 그건
영원하지 않고 잠시일 뿐이야. 겨우 배 1개를 그렸을 뿐인데, 알고
보면 슬픈 그림이잖아.

잠깐!
퉤퉤, 우웩 우웩!
파리가 침을 뱉는 소리가 들려?

슈퍼 고성능 확성기를 갖다 대면 들릴지 몰라! 파리가 배 속에서 소화 효소를 토해 음식물에 뱉어 내는 소리야.

쩝쩝! 핥아 먹는다고?

어쩐지 파리에게 잘 어울리는 것 같아.

곤충은 먹이를 먹는 방법이 여러 가지야. 잠자리, 바퀴벌레, 메뚜기, 사마귀, 딱정벌레는 우걱우걱 야금야금 씹어 먹어. 나비는 기다란 빨대 입으로 빨아 먹어. 모기와 매미는 뾰족한 입으로 찔러서 빨아 먹어. 벌은 씹어 먹기도 하고 빨아 먹기도 해.

하루살이는 입이라고 할 만한 게 없어. 아무것도 먹지 않고 짝짓기만 해. 파리는 아랫입술이 말랑말랑하고 길게 변해 똥이나 음식쓰레기를 핥아서 빨아들여.

똥과 음식쓰레기가 있는 곳이라면 어디서나 파리를 볼 수 있어.

집파리는 작고, 집에서 흔히 날아다니는 파리야.

금파리는 몸이 반짝반짝 청록색이야.

검정파리는 몸집이 커.

쉬파리는 알이 아니라 애벌레를 낳아!

'쉬'가 애벌레라는 뜻이야. 몸속에서 알이 부화해 애벌레의 모습으로 세상에 나와.

곤충 중에 파리만큼 사람과 가까운 동물도 없을 텐데, 파리를 좋아하는 사람은 아무도 없고 파리에 대해 잘 아는 사람도 드물어. 모두 파리를 싫어해. 그러니 오늘 당장 멸종해도 좋을 동물을 꼽는다면 파리일까? 바퀴벌레, 모기와 함께 말이야!

그런데 이거 알아?
파리가 꽃가루를 날라다 줘!

세상에서 가장 큰 꽃 라플레시아는 파리의 도움으로 꽃가루받이를
해. 라플레시아는 사방에 시체 썩는 냄새를 풍겨서 파리를 꼬여.
파리에게는 시체 썩는 냄새가 향긋한 냄새야.
망고, 대파, 양파를 재배하는 농부들은 파리에게 꽃가루받이를
시키기도 해. 파리는 벌보다 더 빨리 번식하고 침도 쏘지 않으면서
꽃가루받이를 돕기 때문이야.

곤충학자는 대부분 벌 다음으로 파리를 지구에서 가장 중요한 곤충으로 생각해!

헐! 정말이야?
파리가 없으면 수많은 식물들이 꽃가루를 퍼뜨리지 못하고,
음식쓰레기와 똥도 지구에 넘쳐날 거야!
파리는 똥과 시든 채소, 음식물 찌꺼기, 돼지와 닭의 기름……
더러운 것들을 먹어 치워. 파리가 없으면 수많은 동물이 먹이를 잃어.
파리는 사마귀, 거미, 잠자리, 개구리 들의 먹이가 되고, 자기보다
작은 곤충들을 잡아먹어서 수를 조절해. 진딧물같이 작은 곤충은
파리가 없다면 걷잡을 수 없이 불어날 거야. 그러니 이제 조금은
파리가 친근하게 느껴졌으면 좋겠어.

파리를 확대한 모습이야!
곤충계의 탐정같지 않아?

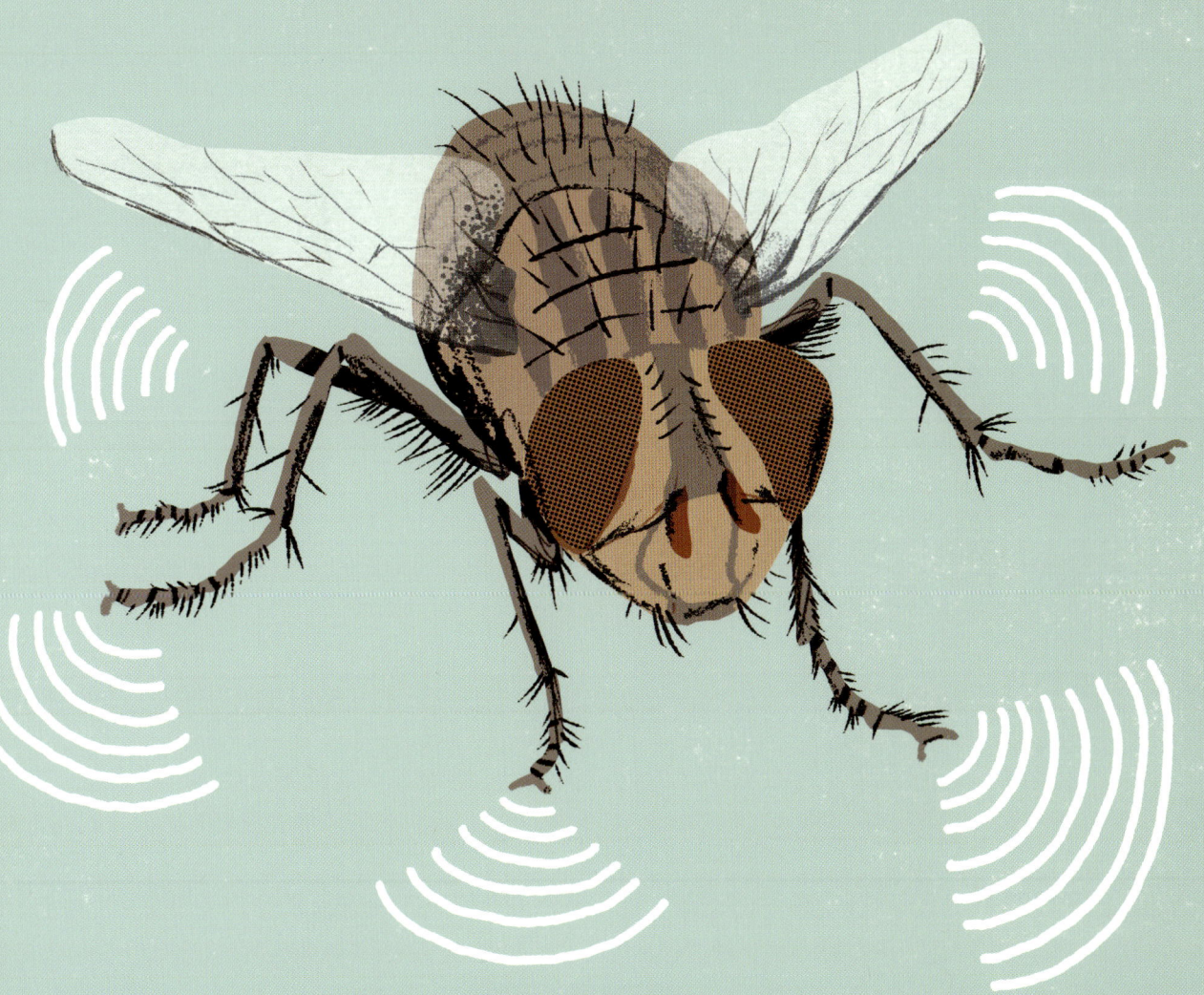

파리는 털이 많아.
털이 수북한 발로 탐정처럼 냄새를 맡으며
꼼꼼하게 먹이를 탐색해.

파리도 알고 보면 예민한 동물이야.

파리가 다리를 비비는 걸 본 적 있어? 털에 붙은 이물질을 털어 내려고 그러는 거야. 파리는 다리로 맛과 냄새를 느끼거든. 하하, 파리도 몸을 깨끗하게 유지하려고 애를 쓴다니까.

파리가 재빠른 동물이라는 건 잘 알고 있겠지?

파리는 몸에 난 수많은 털로 미세한 공기의 움직임을 포착하고, 튀어나온 큰 눈과 옆으로 돌릴 수 있는 머리로 아주 작은 움직임도 눈치채고 날아가 버려. 그래서 누군가가 구멍이 뽕뽕 뚫린 파리채를 발명했지 뭐야. 파리채를 휘둘러도 공기가 요동하지 않도록 파리채에 구멍을 많이 뚫은 거야.

그래도 파리채보다 파리가 더 빨라. 파리가 달아날 때는 어찌나 빠르고 휙휙 방향을 트는지 사람의 눈으로 쫓아갈 수가 없어. 날고 있는 벌에게 다가가 벌의 배에 알을 낳는 파리도 있다니까. 파리는 앞날개 2개로 날지만 비행 기술이 뛰어나. 뒷날개 2개는 비행할 때 균형을 잡아 주는 평균곤으로 진화했어.

집파리는 공중제비를 돌아 천장에 멋지게 거꾸로 착륙해.

모기장
존 싱어 사전트, 1912년, 백악관 컬렉션

흡혈 모기의 비밀

이 그림은 제목이 〈모기장〉이야!
모기장이 나오는 그림은 처음 보았어. 심지어 제목도 모기장이라니.
그런데 모기장이 희한하게 생겼지 뭐야. 너무 작아! 1900년대
미국에서는 이렇게 상반신만 가리는 모기장이 인기를 끌었나 봐.
아니, 어쩌면 맨 처음 모기장은 이렇게 작았을지도!
검은색 모기장을 덮고 푹신한 고급 침대에 어떤 귀부인이 누워 있어.
전등 빛에 하얀 드레스와 커다란 쿠션이 부드럽게 빛나.
미국의 유명한 초상화가 존 싱어 사전트가 그린 그림이야.
존 싱어는 미국 루스벨트 대통령의 공식 초상화를 그렸을 만큼
권위가 높은 화가였어. 백만장자와 귀부인들이 존 싱어에게 초상화를
의뢰하고, 명망 높은 예술가들도 존 싱어의 고객이 되었어.

존 싱어는 못생긴 사람과 잘생긴 사람, 부자와 가난한 사람, 여자와 남자 등등 누구의 얼굴이 고객이 되던지 그 사람의 영혼을 기록한다 생각하며 그림을 그렸어.

존 싱어는 1,000여 점이 넘는 그림을 남겼지만 수많은 그림 중에 〈모기장〉은 그다지 알려지지 않은 그림이야. 검은 모기장 때문에 여자의 얼굴이 잘 보이지 않아. 귀부인 같기도 하고 아가씨나 소녀 같기도 해. 하지만 아름답고 가녀린 사람이라는 건 한눈에 알 수 있어. 손에는 조그만 수첩인지 책인지 들고 있는데 잠들기 전까지 들여다보았던 것 같아. 머리를 받친 거대한 비단 쿠션과 풍성한 비단 드레스가 보들보들 사각사각해.

딱 하나, 그림에 모기가 없는 게 아쉬운걸.

모기에 관한 이야기인데 모기장만 있을 뿐이니 말이야.
하지만 그림 속 어딘가에 모기가 숨어 있겠지?
벽에 붙어 있거나 비단 드레스 자락에 숨어 있거나 거대하고 푹신한 쿠션 어딘가에 붙어서, 모기장이 살짝이라도 열리기만 하면 쏜살같이 침입해 침대에 누워 있는 귀부인의 얼굴이나 손등을 물 순간만을 기다리고 있을 거야.

모기는 겨우 포도씨만 한
무게를 지녔을 뿐이지만
모기만큼 사람에게 위험한
곤충은 없어!

모기가 사람을 가장 많이 죽인 동물이라는 거 알아? 뱀도 사자도 늑대도 상어도 모기에게 비할 게 못 돼!

모기는 피를 빨면서 전염병을 옮겨.

모기는 황제, 장군, 병사, 뱃사람, 장사꾼, 농부, 엄마와 아이들, 예술가 할 것 없이 수많은 사람들을 죽음으로 몰아넣었어. 지금도 수백만 명이 모기 때문에 말라리아, 황열, 뎅기열, 뇌염에 걸려.

그러니 모기를 좋아한다는 건 절대 있을 수 없는 일이지. 그래도 모기에 대해 아는 건 좋은 일이야. 선입견을 버리고 모기에 대해 공정하게 판단할 수 있도록 말이야.

모기는 전 세계에 3,500여 종이 있어. 험준하고 높은 히말라야 산맥에도, 뜨거운 사막에도, 춥고 추운 북극 지방의 툰드라에도 모기가 살아. 모기 알들이 몇 년에 한 번 올까 말까 한 비를 기다리며 뜨겁고 건조한 사막에 숨어 있고, 북극 지방에서는 알들이 눈 속에서 춥고 추운 겨울을 견뎌. 여름이 오면 순식간에 어른벌레가 되어 순록의 피를 빨며 짧은 생애를 보내.

모기는 파리목 모깃과에 속해.
파리처럼 날개가 2개뿐이고
비행 기술이 뛰어나.

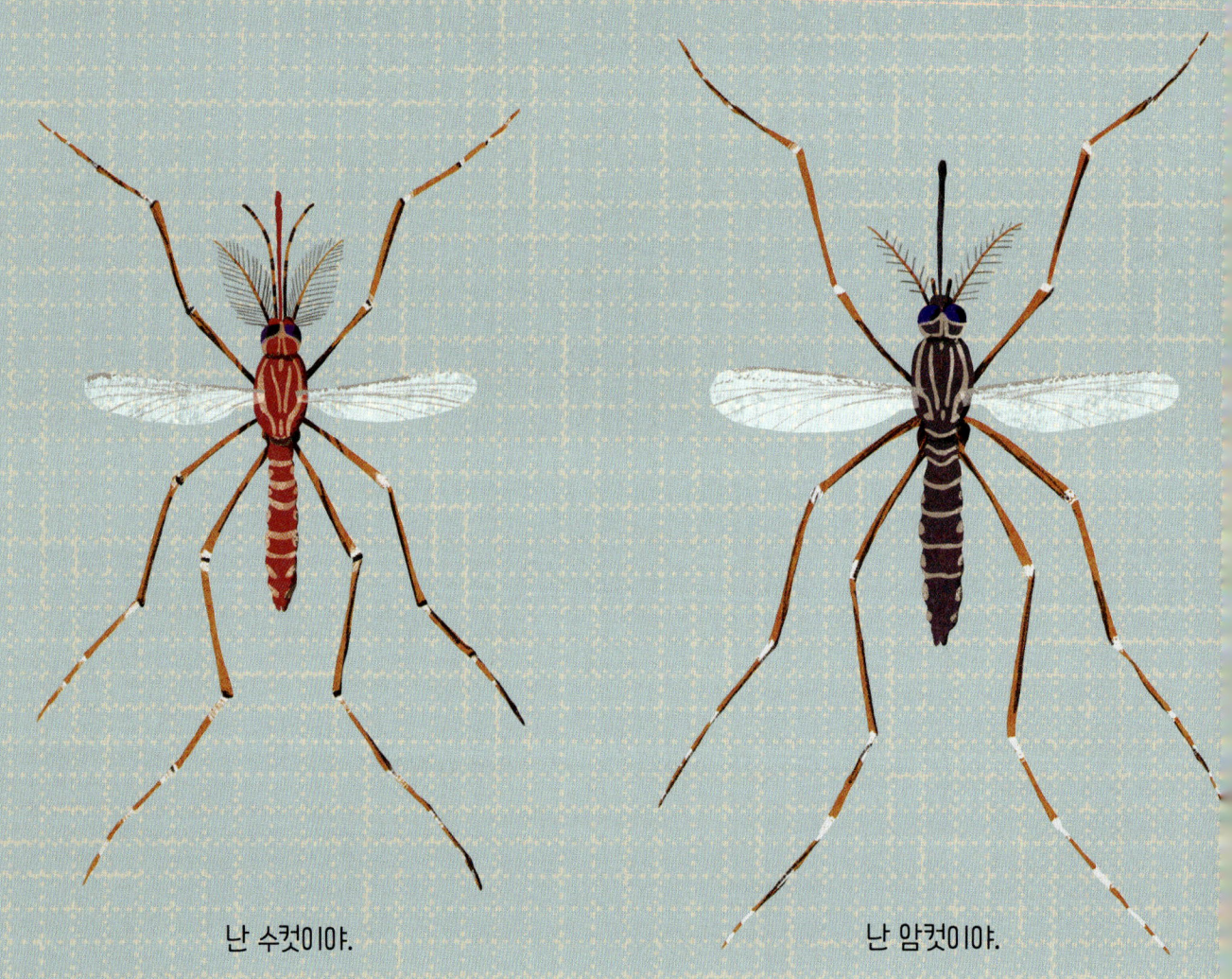

난 수컷이야.

난 암컷이야.

모기는 먼 먼 옛날부터
동물의 피를 빨아 먹었어.

모기의 조상은 1억 7000만 년 전 쥐라기 시대에 나타났어. 아마도 공룡의 피를 빨며 살았을 거야. 지금도 모기는 소, 돼지, 사자…… 수많은 포유동물과 새들의 피를 빨아 먹어. 개구리, 뱀, 심지어 물고기에도 달라붙어 피를 빨아!

하지만 오랫동안 사람의 피를 빨아 먹는 모기는 극소수 종뿐이었어. 사람들이 불어나 지구 곳곳에 번성하고 야생 동물은 점점 줄어들면서 사람의 피를 먹게 된 다양한 종들이 생겨났어.

우리가 집이나 풀밭에서 쉽게 볼 수 있는 모기는 빨간집모기야. 300년쯤 전에 아프리카에 살던 빨간집모기가 사람들을 따라 배와 기차를 타고 전 세계로 퍼져 나갔어.

모기는 자기 몸무게보다 더 많이 피를 빨아 먹어.
몸이 너무 무거워진 모기는 잘 날지도 못해.
가장 가까운 벽으로 날아가 벽에 붙어 쉬면서 소화를 시켜. 분홍색 오줌을 누면서!
빨아 먹은 피에서 수분은 배설하고 단백질만 남아 몸이 가벼워질 때까지!

모기가 가늘고 뾰족한 주둥이로
피를 빨아 먹고 있어!
배가 빨갛고 몸이 통통해졌어.

그런데 왜 모기는 피를 빨까?

정말은 말이야…….

모기는 별로 피를 좋아하지 않아.
피를 빠는 건 산란기의 암컷뿐이야!

산란기 전의 암컷과 수컷 모기는 식물을 먹고 살아. 꽃꿀, 썩은 과일의 단물, 수액이야말로 모기의 먹이라니까!

암컷 모기가 피를 빨아 먹는 건 배 속의 알들 때문이야. 알들이 성장하려면 영양가 높은 단백질과 철분이 필요해. 모기는 씹어 먹지 못하고 빨아 먹기만 하니, 피가 아니라면 어디서 그런 영양분을 구하겠어?

곤충학자들이 암컷 모기에게 정말로 피가 중요한지 실험을 해 보았어. 모기는 알을 한 번에 100개쯤 낳아.

피를 빨지 못한 모기는 알을 10개쯤밖에 낳지 못했어!

모기가 피를 빠는 건 알을 낳고 자손을 이어가기 위해서이니, 무서운 전염병만 퍼뜨리지 않는다면 기꺼이 팔뚝을 내어 줄 수도 있을 텐데!

벼룩 잡는 소년
헤라르트 테르 보르흐, 1655년, 알테 피나코테크
© Bridgeman Images - GNC media, Seoul, 2023

벼룩이 톡톡!

소년이 개를 안고 벼룩을 잡고 있어.
벼룩을 들어 봤을 테지?
벼룩은 포유동물의 털이나 새의 깃털에 붙어 피를 빨아 먹고 사는
작은 곤충이야.
벼룩이 물면 모기가 문 것보다 훨씬 더 따갑고 가려워. 소년의 개도
조금 전까지 뒷다리로 이곳저곳 마구 긁어 댔을걸. 아마 소년의
몸에도 벼룩이 몇 마리 있을지 몰라.
벼룩을 잡고 있는 소년은 빼빼 마르고, 옷은 너무 커서 헐렁헐렁해.
소매도 너무 길어서 몇 번을 접어 입었어. 팔꿈치는 기워져 있고.
벼룩을 몇 마리나 잡았는지 알 수 없지만 소년은 이 일이 너무 익숙한
듯해. 품에 안겨 있는 개도 편안하게 목을 늘어뜨리고 있어.

아마도 개는 소년의 하나뿐인 친구일지도 몰라. 소년이 밥을 주고,
같이 달리기도 하고, 일하러 갈 때도 따라가고.
네덜란드의 화가 헤라르트 테르 보르흐는 부유하고 우아한 사람들의
초상화와 일상생활을 전문으로 그린 화가지만, 드물게도 이 그림에는
가난하고 소박한 집에 사는 어느 아이와 개가 등장해.
집 안을 둘러봐. 오래된 의자와 탁자, 낡은 옷과 낡은 모자, 방바닥과
벽지, 소년의 머리카락…… 화가는 거의 갈색으로만 그림을 그렸어.
그런데도 짙고, 옅고, 반들반들하고, 거칠하고, 우둘투둘하고, 때 묻고,
낡고, 부드러운 온갖 느낌이 다 들어 있어.
어찌 보면 벼룩을 잡는 건 궁상스럽고 짜증 나는 일이지만 소년이
너무나 진지한 얼굴로 조용히 침착하게 벼룩을 잡고 있어서
숭고하게마저 보이는 그림이야.

벼룩을 자세히 본 적이 있어?

당연히 없을걸. 벼룩은 아주 작고, 양 옆에서 누른 것처럼 몸이 세로로
납작하고, 색깔은 진한 밤색이야.

으익!
사람의 몸에 붙어사는 벼룩이야!

헐! 이런 게 정말 사람의 몸에 산다는 거야?
살충제가 없고 목욕도 자주 하지 못하던 옛날에는 벼룩이 아주 많았다니까.
다행히 벼룩은 아주 작아. 몸길이가 겨우 2~4밀리미터야.
하지만 아무리 작아도 이런 게 몸에 산다면 다행이라 말할 순 없겠지?
그래도 기온이 15도 이하인 날씨가 2주 이상 계속되면 벼룩은 저절로 죽어.
벼룩은 사람벼룩, 개벼룩, 고양이벼룩, 쥐벼룩, 새벼룩 들이 있는데, 그렇다고 꼭 이름대로만 사는 건 아니야. 개벼룩이 사람에게서 살기도 하고 고양이벼룩이 개에게서 살기도 해.
사람벼룩은 사람과 아주 가까운 동물이 되어서 옛날부터 내려오는 속담에도 등장해.

'벼룩도 낯짝이 있지.'
'벼룩의 간을 내어 먹겠다.'
'뛰어야 벼룩!'

하하, 무슨 뜻인지 알겠어?
오죽 벼룩이 작으면 이런 말이 생겼겠어?

사람들은 뛰어야 벼룩이라며 우습게 보지만, 아니! 벼룩은 대단한 높이뛰기, 멀리뛰기 선수야! 벼룩은 톡톡 높이 튀어 올라 지나가는 사람, 짐승, 새의 몸에 재빨리 붙을 수 있도록 진화했어. 벼룩은 날개가 없는 대신 뒷다리가 길고 튼튼해. 곤충 중에 높이뛰기 최고 선수는 거품벌레인데, 벼룩이 그 다음이야.

벼룩이 높이 18센티미터
너비 33센티미터까지 점프한 기록이 있어.
그건 네가 풀쩍 뛰어서 커다란 아파트를
단번에 뛰어넘는다는 이야기와 같아!

너무나 경이로운 점프여서 곤충학자들이 벼룩의 다리에 어떤 비밀이 있는지 연구 중이라니까.

벼룩이 보고 싶어?

과자 부스러기나 음식 찌꺼기를 장롱 밑에 쑤셔 넣어. 벼룩의 한살이를 보게 될지도! 하하, 엄마가 뭐라고 하실지 알 수 없지만! 벼룩 암컷은 장롱 밑같이 어둡고 구석지고 먼지가 많은 곳에 끈적끈적한 알을 400~500개 낳아. 애벌레는 자라서 번데기가 되고, 18일쯤 지나면 어른벌레가 돼.

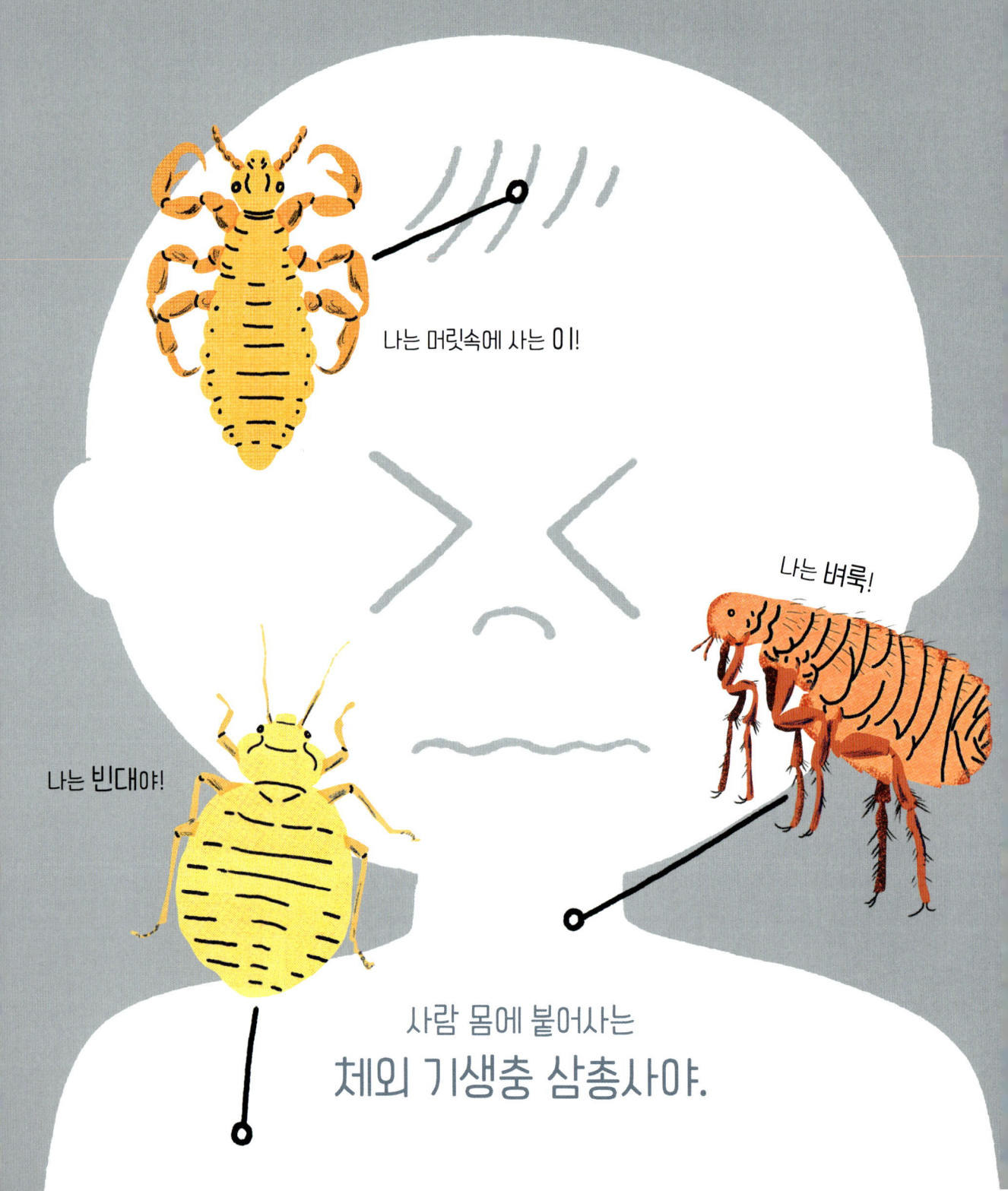

벼룩이 기생충이라고? 다른 생물의 몸에 붙어서 체액이나 피를 먹고사는 곤충도 기생충이라 할 수 있어. 외부 기생충이야!

벼룩, 이, 빈대, 기생충 삼총사는 사람의 피를 빨아 먹으며 괴롭혀서 오랫동안 미움을 받아 왔어.

이는 사람의 머리카락 틈에서 평생을 살면서 머릿속에서 알을 낳고, 알도 머릿속에서 자라. 이는 번데기 시기가 없어. 다리가 짧고 뭉툭해서 점프를 하지 못하고 잘 걷지도 못해. 눈이 없거나 퇴화했어.

빈대는 안 좋은 냄새가 나. 장판 밑에 살면서 밤에 기어 나와 피를 빨아 먹어. 물리면 몹시 가렵지만 병을 옮기지는 않아.

벼룩과 이, 빈대가 어떻게 사람과 짐승의 몸에 붙어살면서 피를 빨아 먹게 진화했는지 알 수 없지만 현명하고 유용한 방법은 틀림없어. 따뜻하고 습기 많은 동물의 몸에 붙어 주둥이로 찌르기만 하면 되었을 테니.

벼룩과 이, 빈대는 지구에서 아주 오랫동안 살아왔는데 미처 몰랐을 거야. 사람들이 깨끗이 씻고, 옷을 자주 갈아입고, 집을 구석구석 샅샅이 청소하고, 소독하고, 살충제를 뿌려 대는 날이 닥쳐올 줄 말이야.

초가을(부분)
전선, 13세기 후반~14세기 초, 디트로이트 미술관
© Detroit Institute of Arts / Founders Society purchase, General Membership Fund / Bridgeman Images - GNC media, Seoul, 2023

구름이야?
아니, 메뚜기 떼야!

이렇게 옆으로 기다란 그림을 보았어? 왼쪽에서 오른쪽으로, 천천히 눈을 돌려 가며 봐야 해!

여기는 어디일까?

곤충들이 와글와글! 당장 잠자리채를 들고 잡으러 가고 싶어.

고추잠자리가 맴맴 돌아. 장수잠자리 부부도 날아왔어.

말라 가는 연잎 위에는 개구리 1마리가 잠자리를 노려보며 영차영차 기어올라 가.

그런데 개구리야, 잠자리를 잡아먹으려거든 꿈 깨. 너의 혀가 아무리 잽싸도 잠자리의 비행 솜씨를 당할 수는 없을걸. 혹시 너의 뒤에 있는 방아깨비는 잡아먹을 수 있을지도 몰라.

앗, 그런데 나비잠자리가 방아깨비로 돌진하고 있잖아.

왼쪽 풀숲에는 메뚜기와 실베짱이가 무언가를 하고 있어. 풀잎을 갉아 먹으며 열심히 식사를 하고 있는 중이겠지?

이 그림은 무려 800년쯤 전에 그려진 그림이야. 800년쯤 전이라면 우리나라에서는 고려 시대가 끝나 가고, 중국에서는 송나라가 망하고 원나라가 대륙을 지배했을 무렵이야. 선비 화가 전선은 원나라 조정의 부름을 받았지만 원나라 황제를 섬기지 않고 시골에서 그림을 그리며 평생을 보냈어. 그래서인지 그림도 속세를 벗어난 듯해.

종이는 색이 바라고 도장 자국도 군데군데 지워졌지만, 연못가 풀밭의 곤충들은 생생하게 살아 있어. 이 그림의 제목은 〈초가을〉이고, 바야흐로 잠자리와 방아깨비, 메뚜기의 계절이야!

메뚜기를 잡아 본 적 있어? 방아깨비는?

메뚜기는 '산에서 뛰는 벌레'라는 뜻이야. '메'는 산을 뜻하는 옛말이고, '뚜기'는 뛰기에서 왔어.

방아깨비는 뒷다리를 잡고 있으면 방아를 찧듯이 몸을 움직여. 사람의 손에서 탈출하려고 애를 쓰는 것일 뿐인데 이름이 방아깨비가 되었어.

메뚜기와 방아깨비는 점프를 잘해. 풀쩍풀쩍 뛰어서 달아나.

벼메뚜기의 굉장한 뒷다리를 좀 봐!
넓적다리 마디가 보디빌더의 알통처럼 튼실해

나는 방아깨비야.
메뚜기목 메뚜깃과에 속해.

하지만 아무리 점프를 잘해도 메뚜기를 노리는 동물이 너무 많아. 메뚜기는 몸이 부드럽고 살이 많아서 모두 메뚜기를 좋아해. 물고기도 운 좋게 메뚜기를 만나면 넙죽 삼켜. 메뚜기가 펄쩍펄쩍 뛰다가 운 나쁘게 연못이나 개울에 떨어지면 말이야.

사람도 메뚜기를 먹어!

성경에는 2000년 전에 세례자 요한이 낙타털 옷을 입고 요르단 강 가에서 메뚜기와 야생 꿀만 먹고 살았다는 이야기가 나와.
우리나라에서도 예전에 메뚜기를 튀겨서 어른도 아이도 간식으로 먹었어.
우웩!
하지만 먹어 본 사람들은 말린 새우와 번데기를 섞은 맛이 난다는 거야.
메뚜기는 풀밭이나 논밭에 살면서 벼나 콩잎, 과일, 낙엽 따위를 갉아 먹어. 단단한 큰턱으로 우걱우걱 씹어 먹고, 먹이가 모자랄 때는 곤충의 시체도 씹어 먹어.
알고 보면 메뚜기는 얌전한 곤충이야. 잎사귀를 갉아 먹으며 폴짝폴짝 뛰어다니고, 짝짓기하고, 알을 낳고…… 조그만 곤충답게 살아가.

하지만 떼를 지어 날아다니면 메뚜기는 세상에서 가장 무시무시한 동물이 돼! 하늘을 뒤덮는 무시무시한 메뚜기 떼 이야기를 들어 보았어?

성경에 바로 그런 어마어마한 메뚜기 떼가 등장해.

먼 옛날 이집트에서 노예 생활을 하던 히브리인들이 자유를 찾아 탈출하려고 해. 그런데 파라오는 히브리인 노예들을 놓아 줄 생각이 없지. 여호와 하나님은 이집트에 메뚜기 떼 재앙을 내려. 이건 머나먼 고대의 이야기만이 아니야. 지금도 메뚜기 떼가 출몰하고 있어.

1874년에 미국 네브래스카주에 메뚜기 떼가 눈보라처럼 몰려왔어. 집 안까지 쳐들어 와서 나무판자, 종이, 커튼과 옷까지 씹어 먹어 버렸어.

1906년에 남아프리카에 나타났을 때는 메뚜기 떼의 길이가 100킬로미터에 이르렀어. 메뚜기가 휩쓸고 간 뒤에는 온 땅이 메뚜기 똥으로 뒤덮이고 지평선 끝까지 풀이라곤 하나도 남아 있지 않았어. 2020년에는 파키스탄에 무려 4,000억 마리 메뚜기 떼가 발생했어! 볼래?

도대체 메뚜기에게 무슨 일이 일어나는 걸까? 무슨 이유로 상상을
초월하는 규모로 떼를 짓는 걸까?
곤충학자도 정확한 이유를 몰라. 어쩌면 사막에 폭우가 쏟아져
메뚜기가 살기 좋은 환경이 되거나, 수년 동안 메뚜기 알들이
땅속에서 부화하기 좋은 때를 기다리다가 한꺼번에 부화하는 건지도
몰라.
메뚜기 떼는 보기에도 무섭지만 보기보다 훨씬 더 무서워.
따로따로 살 때보다 몸집이 커지고 날개가 길어져. 몸 색깔도 검어져.

그리고
배가 너무 고파져!

어떤 이유로든지 메뚜기들이 늘어나 자꾸자꾸 부딪히게 되면
세로토닌이라 불리는 스트레스 호르몬이 많이 분비되어 메뚜기의
성격과 모습, 식성이 변해!
사납고 식욕이 왕성한 수십억 마리, 수백억 마리 메뚜기가 떼를 지어
이동하며 모든 것을 먹어 치워. 메뚜기 떼가 지나가는 곳에는
아무것도 남지 않아!

꽃병

룰란트 사베리, 1611년, 개인 소장

Photo © Agnew's, London / Bridgeman Images - GNC media, Seoul, 2023

여치는 노래를 잘해

어어, 어어…….
꽃이 시들어 가고 있어!
수선화와 붓꽃이 달랑달랑 고개를 떨구고, 장미꽃 잎이 툭툭 떨어져.
꽃이야 지든 말든 나비와 꿀벌은 꿀을 먹느라 바빠.
테이블 위에는 여치 2마리가 마주보고 있어.
1마리는 크고 1마리는 작아.
둘이 노려보는 걸까? 암컷과 수컷일까?
무당벌레 1마리가 나는 상관없다는 듯이 슬금슬금 도망가고 있어.
화가는 왜 하필이면 활짝 핀 아름다운 순간을 다 보내고 시들어 가는 꽃을 그렸을까?
이유가 있어. 이건 뜻이 숨어 있는 그림이야!

네가 1600년대 네덜란드에 살고 있다면 저절로 알게 되었을걸. 네덜란드는 해양 무역으로 부자 나라가 되고 있는 중이야. 사람들은 교양이 있고, 시간도 많아. 집을 장식할 진귀하고 멋진 무언가를 사들여. 그림이 필요해! 종교나 신화를 표현한 그림 말고 집에 맞는 새로운 그림이 필요해져. 그럴 즈음에 아름답고 섬세한 꽃 정물화 분야가 탄생한 거야. 하지만 아름다운 것만으로는 부족해. 고귀한 마음도 느낄 수 있으면 좋겠어. 화가들은 활짝 피어서 금방 져 버릴 꽃들, 조그맣고 힘없는 곤충들 속에 그런 뜻을 담아 그림을 그렸어. 인생의 아름다움은 물거품처럼 사라질 터이니 부디 변하지 않는 가치를 찾으며 겸손하게 살자고요!

이 그림을 그린 룰란트 사베리도 이 시대에 활동한 네덜란드의 정물 화가야. 사베리는 이 그림의 주인공들을 신중하게 선택했을 거야. 이 그림에는 특별히 여치가 2마리 나와. 동양에서는 여치가 가정의 행복을 상징해. 물론 서양 사람인 룰란트가 그렇게 생각하고 그렸을 리는 없지만 말이야.

여치는 메뚜기목 곤충이야. 크고 뚱뚱해서 별명이 돼지여치야.

살금살금! 사람들은 메뚜기인 줄 알고 여치를 잡으려고 다가가.
하지만 큰코다쳐. 여치는 턱이 크고 무는 힘이 강해서 물리면 아파.
여치는 한여름 곤충이야. 여치는 메뚜기보다 빨리 자라서 6~7월이
되면 공포의 사냥꾼이 돼!
곤충의 제왕 사마귀도 아직은 애벌레 신세야. 사마귀 애벌레는
여치를 보면 도망가기 바빠. 여치는 앞다리로 자기보다 작은
곤충들을 붙잡아 인정사정없이 갉아 먹어. 그리고 해가 지면
시원스럽게 노래를 불러.
여치는 노래를 잘해. 개는 컹컹 짖고, 돼지는 꿀꿀거리고, 염소는 매에
울고, 생쥐는 찍찍거릴 뿐이지만 여치, 메뚜기, 베짱이, 귀뚜라미……
메뚜기목 곤충들은 노래를 할 줄 알아!

스스스슷 스스스슷!
메뚜기는 뒷다리와 앞날개를 비벼 노래를 해.

칫 찌르르르르! 칫 찌르르르르!
여치는 앞날개를 서로 비벼 노래를 해.

풀숲에 여치 소리가 울려 퍼져. 수컷 여치가 암컷을 부르는 소리야.

수컷의 오른쪽 앞날개 아랫면에 까끌까끌 마찰판이 있는데, 왼쪽
날개 가장자리를 여기에 비벼서 소리를 내는 거야.
곤충은 대부분 더듬이로 소리의 진동을 느낄 수 있지만, 노래하는
곤충은 따로 고막이 있어.

메뚜기는 고막이 옆구리에 있고,
매미는 고막이 배에 있고,
여치는 고막이 앞다리에 있어!

하하! 상상해 봐. 암컷 여치가 앞다리를 움찔거리며 열심히 귀를
기울이는 모습을 말이야.
암컷이 찾는 건 큰 소리로 힘 있게 노래하는 수컷이야. 보지 않아도
노랫소리만 들어도 얼마나 늠름한지 알 수 있어.
암컷 여치가 폴짝폴짝 뛰어가.
수컷 여치 위에 올라가 짝짓기를 해.
수컷 여치는 짝짓기할 때 암컷의 배 끝에 하얗고 말랑말랑한 정자
주머니를 붙여 줘. 암컷에게 바치는 피땀 어린 선물이야. 몸속에서
그걸 만드느라 수컷 여치는 영양분과 에너지를 정말 많이 썼거든.
그건 이렇게 생겼어.

보여?
긴날개여치 암컷이 수컷의 선물을 배 끝에 달고 있어.

암컷 여치는 짝짓기를 끝내고 수컷의 선물을 야금야금 야무지게 갉아 먹어. 수컷의 선물 덕분에 더 튼튼한 알을 낳을 수 있어.

수컷 여치는 짝짓기가 끝난 뒤에 다시 노래를 불러.

다른 암컷을 부르는 걸까?

자손을 퍼뜨리는 임무를 완수하고 기뻐서 부르는 노래일까?

이제는 다시 짝짓기를 할 힘이 없고 암컷에게 선물할 정자 주머니를 다시 만들 힘도 없는데 노래를 불러.

하지만 날이 갈수록 노랫소리가 약해져.

점점 띄엄띄엄해져.

그러다가 어느 날 벙어리가 돼.

보름쯤 지나면 잘 먹지도 않아. 지친 몸을 이끌고 조용하고 구석진 곳을 찾아 주저앉아. 긴 다리를 뻗고 마지막 경련을 일으키고 죽음을 맞이해.

과일과 도마뱀,
곤충이 있는 정물화
오트마르 엘리거, 1664년,
스톡홀름 국립 박물관

베짱이를 알아?

청포도가 동글동글 탱글탱글!
달달한 복숭아도 있네.
맛있겠어!
나방과 꽃무지, 거미, 베짱이가 몰려와. 냄새를 맡고 달팽이와
도마뱀까지 출동했어.
그런데 잠깐, 이상하잖아!
거미와 도마뱀은 여기에 있을 만한 동물이 아닌데? 식물의 잎사귀
따위가 아니라 살아 있는 곤충을 잡아먹는 육식 동물들이라고!
화가가 동물에 대해 너무 모르는 것 같은데?
하하! 그렇게 생각한다면 이 그림이 언제 어디서 그려졌는지
눈여겨봐야 해.

이 그림의 제목은 〈과일과 도마뱀, 곤충이 있는 정물화〉야.
1600년대 네덜란드 화가 오트마르 엘리거가 그렸어.
아하! 1600년대이고, 네덜란드이고, 꽃과 곤충이 등장하는 정물화야!
이제 알겠어. 인생의 허무함을 깨닫게 하고 겸손하게 사는 마음을
일깨워 주려는 뜻이 숨어 있잖아. 자세히 보니 탱글탱글하게만
보이던 포도는 벌써 너무 익어 버렸어. 가뭇가뭇 반점도 보이고
이파리는 말라 가. 복숭아도 멍이 들고 색깔도 거무스름하게
변색되었어. 거미와 도마뱀이 어슬렁거리는 것도 불길한 느낌을 줘.
여름 한철 신나게 노래하지만, 겨울이 오기도 전에 죽어 가는
베짱이도 그래서 그랬을까?

베짱이를 알아?

베짱이를 본 적은 없어도 베짱이를 한번도 못 들어 본 사람은 아무도
없을걸. 이솝 우화에 나오는 베짱이가 정말로 있다는 거야?
베짱이는 메뚜기목 여칫과의 어엿한 육식 곤충이야!
여치보다 작고 날씬하지만 만만하게 보면 안 돼. 여치만큼 턱 힘이
세서 물리면 아파. 가시가 촘촘 달린 다리는 또 어떻고.

쓰이잇 쩍! 쓰이잇 쩍!
베짱이는 울음소리가 베 짜는 소리와 비슷해서
이름이 베짱이가 되었어.

베짱이를 알아?

옛날 어른들은 여름밤에 들리는 베짱이 노랫소리를 듣고, 덥다고 놀지 말고 열심히 베를 짜라는 교훈을 얻었는데, 이솝 우화에서는 베짱이가 그만 게으른 곤충으로 등장하고 말았어.
부지런한 개미는 여름에 열심히 먹이를 모으고, 게으른 베짱이는 노래나 부르며 탱자탱자 놀다가 겨울이 닥치니 굶어 죽게 생겼다는 이야기 말이야. 베짱이는 개미에게 찾아가 양식을 구걸하는 불쌍한 신세가 돼.

하지만 베짱이는 억울해!
베짱이는 절대 게으름뱅이가 아니야!

물론 베짱이가 식사를 한 다음에는, 게다가 한창 더울 때는 소화를 시키며 낮잠을 자기도 해. 하지만 대개 베짱이는 굶어 죽지 않기 위해 잎에서 잎으로, 나무에서 나무로 먹이가 될 곤충을 찾아 쉼 없이 날아다녀야 해.
작가 이솝은 정말 몰랐을까? 사실 베짱이가 겨울에 개미에게 양식을 구하러 갈 수도 없다는 걸 말이야. 겨울에는 베짱이들이 모두 죽고 없거든.

베짱이는 겨울이 오기 전에 자손을 퍼뜨리려고 여름 내내 그렇게 노래하는 거야.

하지만 멀리 울려 퍼지는 노랫소리는 천적에게 자기가 있는 곳을 알려 주는 죽음의 노래이기도 해. 기생파리가 노랫소리를 듣고 찾아오기 때문이야.

기생파리 녀석이 몰래 다가와 베짱이 몸에 잽싸게 알을 낳아.

기생파리 알이 깨어나 구더기가 돼! 어휴, 징그러워!

하지만 베짱이에게는 단지 징그러운 일이 아니야. 목숨이 달아나는 끔찍한 일이거든.

알에서 구더기가 깨어나 베짱이 옆구리의 숨구멍으로 들어가 영양분을 빨아 먹으며 자라. 며칠 만에 탈바꿈하고 기생파리가 돼.

죽어 가는 베짱이 몸을 뚫고 기생파리가 나와!

베짱이는 무시무시한 위험을 무릅쓰고 용감하게 노래를 부르는 거야. 게으르게 노래나 부른다고 우습게 볼 일이 아니라고!

그러니 베짱이 수컷이 베짱이 암컷을 무사히 만나게 된다면 축하해 주어야 해.

떡갈나무 껍질에 붙은 이끼를 헤치고 암컷 베짱이가 입으로 작은
구멍을 만들어. 산란관을 힘껏 구부리고 구멍 속에 알을 낳아.
다시 옆으로 비껴서 또 입으로 구멍을 만들고, 산란관을 힘껏 구부려
알을 낳아. 이렇게 계속 계속 알을 낳아.

알들이 구멍 속에서
춥고 메마른 겨울을 나.

조그만 곤충이 겨울을 나는 건 보통 일이 아니야. 온혈 동물도 아니고
털도 가죽도 없는데, 겨울에는 먹이도 없어. 하지만 곤충들이 모두
죽어 버리면 어떻게 지금까지 곤충이 살고 있겠어? 곤충에게 알,
애벌레, 번데기 시기가 있어서 다행이야.
알이나 번데기는 껍데기에 싸여 있고, 먹이도 필요 없어. 애벌레는
나무속이나 땅속을 파고 들어가 겨울을 견뎌.
베짱이는 알로 겨울을 나고, 사슴벌레는 애벌레로 겨울을 나고,
호랑나비는 번데기로 겨울을 나. 하지만 어른벌레로 용감하게 겨울을
이기는 곤충도 있어. 무당벌레는 수십 마리가 한데 모여 겨울잠을
자며 겨울을 이겨.

산차조기와 사마귀(신사임당 초충도)
전(傳) 신사임당, 조선 시대, 국립중앙박물관

힘센 사마귀 부인

이렇게 소담하고 예쁜 그림을 보았어?

아니라고?

맞다고?

보는 사람 마음이지!

파란 나팔꽃, 빨간 여뀌 꽃, 올록볼록 초록 이파리를 좀 봐.

이런 그림을 그리는 화가는 무섭거나 사납거나 괄괄한 사람은 절대 아닐 거야.

쌍살벌 1마리가 나팔꽃을 향해 날아오다 멈춰 버렸어. 개구리를 보고 깜짝 놀라 머뭇머뭇!

여뀌 이파리에 앉은 작은 개구리가 보여? 어떻게 거기까지 올라갔을까?

그런데 아래를 좀 봐. 사마귀 녀석도 벌을 노리고 있잖아.

얼른 도망가야 해!

위에서는 잠자리가 이 모든 광경을 보면서 여유롭게 날고 있어.

이 그림은 가로 28센티미터, 세로 34센티미터로 기다란 병풍에 다른 초충도 7점과 함께 그려져 있어. 초충도는 풀과 벌레를 그린 그림을 말하는데, 신사임당이 즐겨 그려 크게 발전시킨 그림이야. 옛날이나 지금이나 곤충을 그리는 화가는 많지 않은데, 사임당은 곤충을 좋아하고 즐겨 관찰한 게 틀림없어.

이 그림은 초충도 중에서 〈산차조기와 사마귀〉라 불려.

사마귀를 본 적 있어?

사마귀는 매력이 많은 곤충이야! 역삼각형 머리, 커다랗고 볼록 튀어나온 겹눈, 두 겹눈 사이에 돋아난 길고 뾰족한 더듬이…….

초록 외계인 같지 않아?

사마귀는 곤충 중에 유일하게 머리를 자유롭게 돌릴 수 있어. 좌우로 움직이고, 기울이고, 꼿꼿하게 쳐들고, 힐끔 뒤쪽을 쳐다볼 수도 있어. 앞발을 모은 모습은 꼭 기도하는 것 같아. 그래서 미국에서는 별명이 기도하는 사마귀야.

하지만 기도하는 사마귀 모습에 속으면 안 돼. 인내심 있게 먹잇감을 기다리는 모습이거든. 먹잇감이 나타난 순간 순식간에 돌변해. 너무 빨라서 우리 눈에는 보이지도 않아.

사마귀 다리에 촘촘히 난 톱날 가시에 걸리면 아무리 힘센 곤충이라도 빠져나가지 못해. 죽을 똥 살 똥 몸을 떨며 뒷발질을 해도 소용이 없어. 독사를 닮은 역삼각형 얼굴에는 웬만한 껍데기는 한 번에 자를 수 있는 강력한 턱이 붙어 있어.

사마귀의 '사'는 한자로 '죽을 사'야. 죽음의 마귀라는 뜻이야.

와그작와그작!
메뚜기 1마리를 먹는 데 20분쯤 걸려.
와그작와그작! 맛있는 배부터 한 입! 살이 없고 딱딱한 날개와 발톱, 발목마디는 뚝뚝 떼어서 바닥에 던져.
사마귀는 곤충계 최상위 포식자야! 최고의 사냥꾼 잠자리도 사마귀에게는 못 이겨. 장수말벌도 함부로 못 덤벼. 사마귀는 작은 새와 도마뱀, 개구리도 사냥해. 박쥐에게도 사마귀는 결코 만만한 상대가 아니야.

0.25초 만에 앞다리를 뻗어서 먹이를 찍어 다리 사이로 가지고 와!

사마귀는 어떤 상황에서도 끝까지 버티는 것으로 유명해.

옛날 중국의 고사에 용맹스러운 사마귀 이야기가 나와.

제나라 왕, 장공이 사냥을 나갔다가 사마귀를 보았어. 사마귀 1마리가 장공이 탄 마차 바퀴 아래에서 덤빌 기세로 앞발을 쳐들고 있지 뭐야.

장공이 마부에게 물었어.

"저 벌레는 무엇이냐?"

"사마귀라고 하는 곤충입니다."

"참으로 맹랑한 놈일세. 마차랑 한판 붙어 보자는 기세구나."

"앞으로 나아갈 줄만 알지 물러설 줄 모르고, 자신감이 넘쳐 아무한테나 덤벼드는 놈입니다."

"용기가 가상하다. 저 벌레가 사람이었다면 천하에 비길 데 없는 용사가 되었을 것이다."

그리고는 마차를 돌려서 사마귀를 피해 갔다는 이야기야.

하하! 사마귀는 왕도 경의를 표한 곤충이야.

사마귀의 당당한 자세에서 영감을 얻어서 만든 무술 권법도 있어. 이름하여 당랑권이야.

사마귀는 먹을 수 있는 건 모두 잡아먹어.
암컷 사마귀가 수컷 사마귀를 먹고 있어!

정말이야? 너무 끔찍해!

하지만 알고 보면 사마귀 종족을 위한 일이야. 곤충학자들의 연구에 따르면 수컷을 잡아먹은 암컷이 그렇지 않은 암컷보다 알을 더 많이 낳는다는 거야.

심지어 수컷은 머리가 잘려 나가도 자손 번식을 위해 짝짓기를 계속해. 사마귀는 뇌가 사라져도 배 끝에 신경절이 있어서 짝짓기를 할 수 있어.

하지만 짝짓기하다가 수컷이 암컷에게 잡아먹힐 확률은 25퍼센트일 뿐이고, 모든 수컷이 잡아먹히는 건 아니야. 대부분 수컷은 조심조심 암컷에게 다가가. 행여나 암컷의 신경을 긁을세라 짝짓기를 하면서도 조심조심, 짝짓기가 끝나면 얼른 줄행랑을 쳐.

짝짓기가 끝난 암컷은 나뭇가지에 매달려 알을 낳아. 배 끝을 실룩실룩! 알과 함께 거품이 부글부글 나와. 거품이 단단하게 굳으면 겨울 동안 습기와 추위를 막아 주는 튼튼한 알집이 돼.

암컷은 이틀쯤 메뚜기를 잡아먹고 또다시 알을 낳아. 두 번째 알집은 첫 번째 알집보다 작아. 암컷 사마귀는 이제 비실비실한데도 마지막으로 용을 쓰고 한 번 더 알을 낳아. 곤충계의 여황제 암컷 사마귀가 쓰러져 죽음을 맞이해.

꽃과 풀벌레
조선 시대, 국립중앙박물관

매미의 지하 생활

맴맴! 맴맴! 맴맴!
너무 시끄러워!
어디? 어디?
꽃나무 가지 위에서 매미가 울고 있어.
아래쪽에는 기다란 풀잎에 방아깨비 1마리가 앉아 귀를 기울여.
그런데 나뭇잎을 좀 봐.
색깔이 이상해! 누가 그렸을까?
잘 그리려 애를 쓴 것 같지도 않고 정성스럽게 그린 것 같지도 않아 보이는 게, 내공이 많은 대가가 붓 가는 대로 슥삭슥삭 그린 그림 같아.
하지만 아쉽게도 우리는 화가의 이름을 몰라.

매미의 지하 생활

조선 시대 그림이 틀림없고 도장도 찍혀 있지만, 작자 미상인 채로 국립중앙박물관에 소장되어 있어. 제목이 〈꽃과 풀벌레〉야.

그림에 등장하는 매미는 조선 시대 선비들이 좋아한 곤충이야.

옛날 사람들은 매미에게 다섯 가지 덕목이 있다며 칭찬했어.
매미는 머리에 줄을 묶은 듯 홈이 있는데, 갓끈과 비슷하게 보여 지혜가 있다 하고, 나무 수액만 먹고 살아서 청렴하다 하고, 곡식을 축내지 않으니 염치가 있다 하고, 살 집을 따로 짓지 않으니 검소하다 하고, 계절에 맞춰 오고 가니 믿음 또한 있는 곤충이라며 말이야.
조상님들은 매미 울음소리마저 듣기 좋은 소리라 여겼는데, 지금은 사람들이 시끄럽다고 짜증을 내. 하하, 조상님들이 우리보다 마음이 훨씬 더 너그러웠던 걸까?
아니, 매미는 조상님 시절보다 지금이 정말로 훨씬 더 시끄러워!
매미에게 무슨 일이 일어난 거야?
옛날에는 참매미가 많았는데, 지금은 말매미가 훨씬 더 많아졌기 때문이야. 말매미는 떼창을 하고 울음소리가 훨씬 더 커.

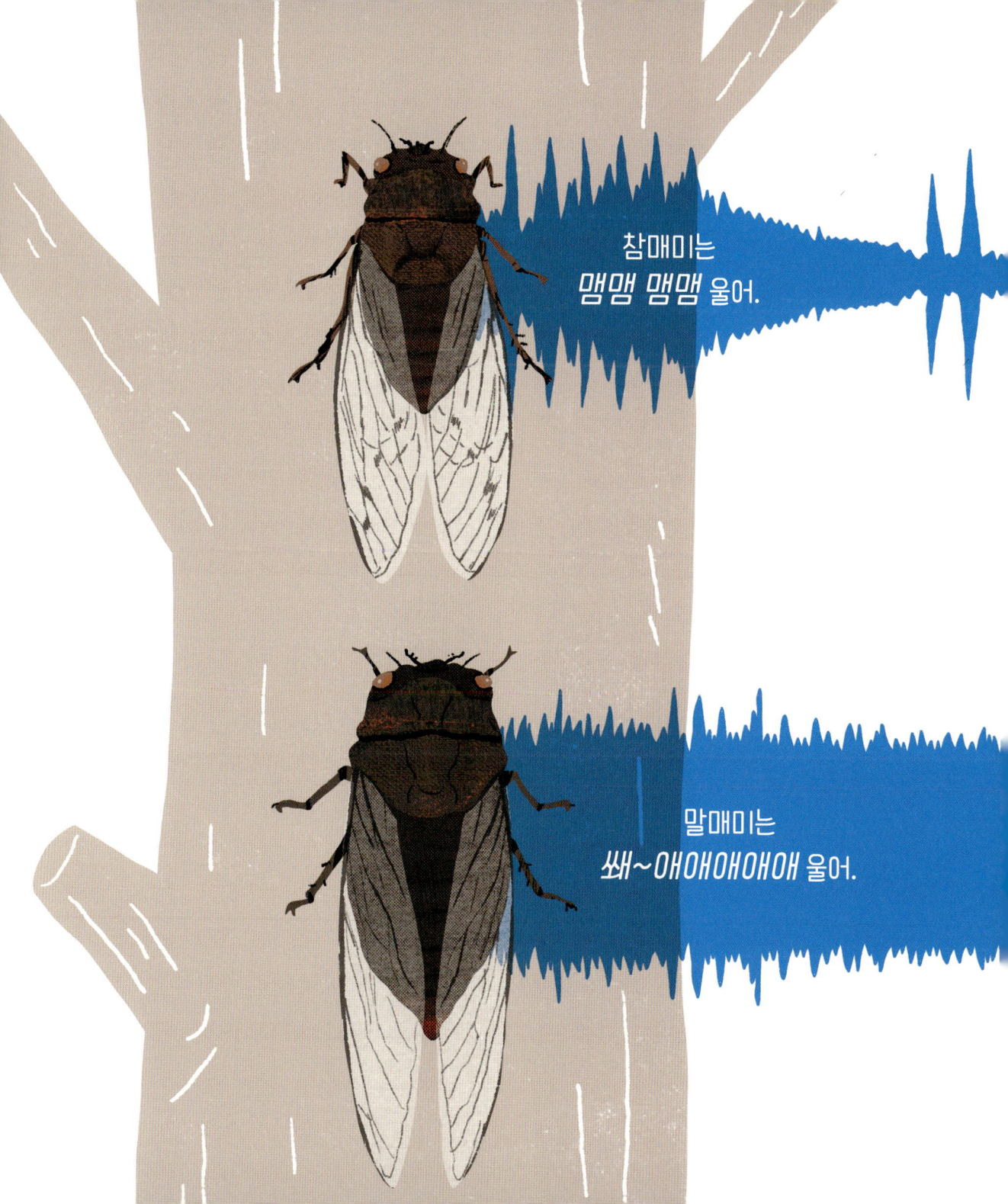

매미의 지하 생활

언젠가부터 시끌벅적 도시에서 더 큰 소리로 울어 대는 말매미가 우점종이 되었어. 여름이 오면 귀를 기울여 봐. 매미 소리가 어떻게 들리는지!
매미는 울음소리가 너무 커서 자기 소리에 자기 고막이 다칠 지경이야. 그래서 매미는 놀랍게도 자신의 청각 기관을 끌 수 있게 진화했어. 한창 노래하는 매미는 다른 소리를 못 들어. 곤충학자 파르브는 매미가 정말 청각을 끌 수 있는지 알아보는 실험을 했는데, 축제 때 쓰는 축포용 대포를 가져다가 매미 옆에서 발사해 보았어!
하하, 매미는 아무것도 모른 채 태연히 노래를 했다니까!

매미는 특이하게도 비명을 지를 수 있는 곤충이야. 수컷 매미는 사람이나 사마귀에게 잡히면 비명을 지르며 날개를 퍼덕여.

매미는 배로 그렇게 커다란 소리를 내!
배 근육으로 진동막을 빠르게 움직여 소리를 내.
이거 알아? 매미는 배 속이 절반쯤 비어 있어! 그래서 소리가 더 크게 울린다는 거야.

하지만 암컷 매미는 배 속에 산란 기관과 알이 가득 차 있어서 소리를
못 내.

매미는 몸이 따뜻할수록 더 잘 울어. 날씨가 추워지면 몸이
움츠러들고 소리를 내는 배 근육이 빠르게 움직이지 못하기
때문이야. 그래서 태양을 따라 나무 기둥 둘레를 천천히 옆걸음질로
돌아. 하하! 태양이 가장 잘 비추는 곳으로 이동하며 노래를 부르는
거야.

수컷 매미의 노랫소리를 듣고 암컷이 날아와. 수컷이 다가가도
암컷이 가만히 있으면 짝짓기가 시작돼. 서로 꽁무니를 포개고
짝짓기를 해. 요란하게 울어 대던 수컷 매미는 기진해서 죽고, 암컷
매미는 알 낳는 임무를 완수해.

**암컷 매미가 머리를 위로 향하고
나무 기둥에 붙어
알 낳는 일에 집중해.**

뾰족한 산란관으로 나무에 구멍을 뚫고, 움찔움찔 배 끝을 떨면서
알을 낳아. 조금 위로 이동해서 다시 구멍을 뚫어 알을 낳고,
또 구멍을 뚫고 알을 낳고……. 그렇게 40번이나 해!

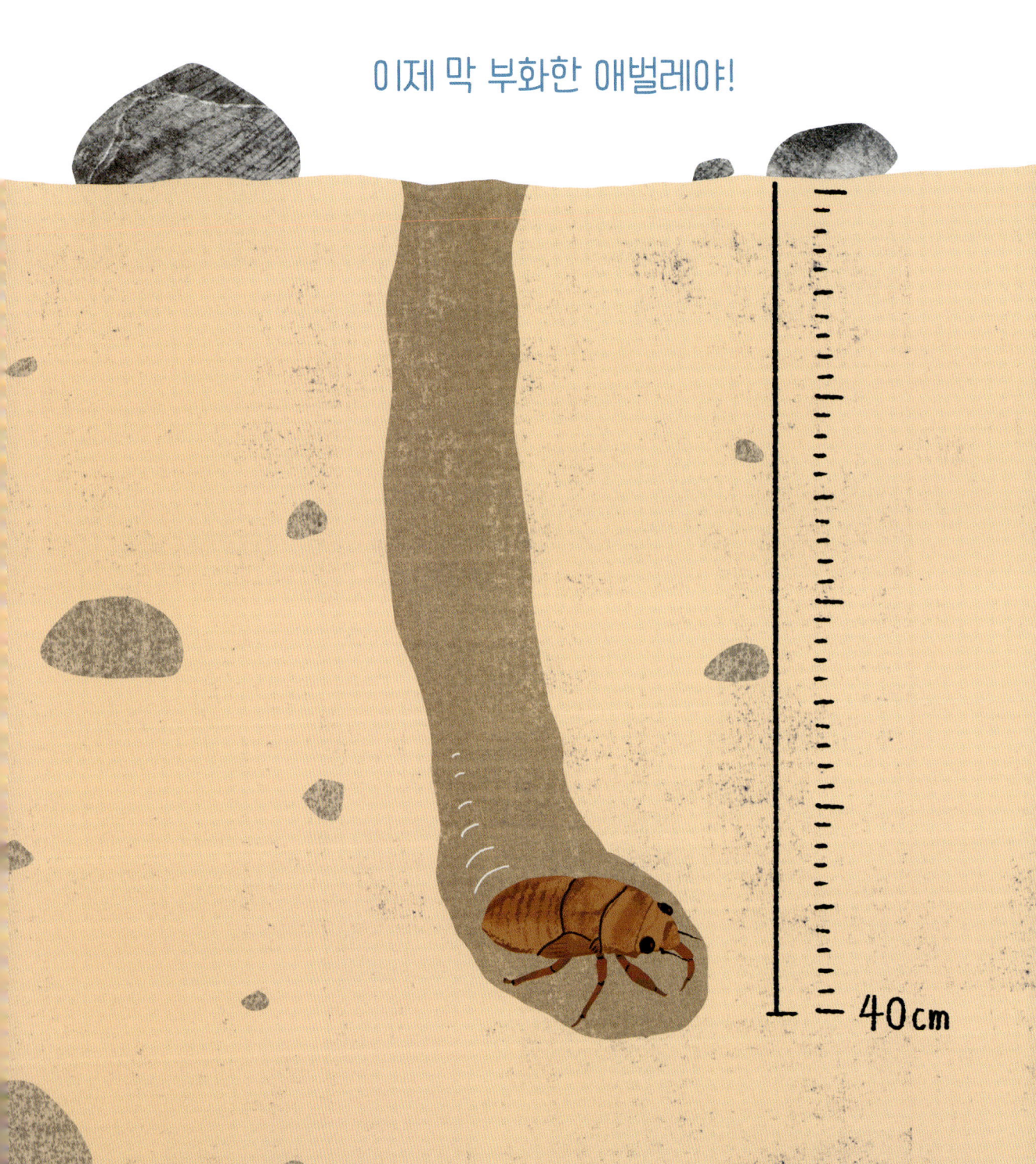

하지만 우리는 매미 애벌레를 잘 볼 수 없어. 애벌레가 나무를 타고 기어 내려가 바닥에 떨어져 곧장 땅을 파고 40센티미터쯤 깊숙이 들어가 버리거든. 그리고 애벌레의 기나긴 지하 생활이 시작돼!
우리나라 매미는 4~7년쯤 땅속에 살아. 북아메리카의 어느 주에는 17년 매미가 살고 있어. 17년마다 한꺼번에 땅 위로 올라온다고 17년 매미야. 17년 매미 애벌레들은 깜깜한 땅속에서 나무뿌리에 주둥이를 꽂고 수액을 마시며 위로 올라갈 날을 기다리다가 17년째에 모두 한꺼번에 땅 위로 돌진해 나무를 타고 올라가.
왜 17년일까? 알고 있어? 17은 소수야. 17년마다 한꺼번에 왕창 애벌레가 땅 위로 쏟아져 나오면 잡아먹힐 확률이 엄청 낮아질 거야. 어느 숲에 매미를 잡아먹는 말벌이 2년에 한 번씩 출몰한다고 해 봐. 말벌은 2년, 4년, 6년, 8년…… 이렇게 나타나는데, 매미는 17년, 34년, 51년…… 이렇게 나타나는 거야. 그러니까 말벌은 34년째가 되어야 겨우 17년 매미를 잡아먹을 수 있다는 이야기야!
그런데 매미는 어떻게 알까? 17년을 어떻게 셀까?
하하, 매미가 수학을 하는 걸까?
매미의 비밀은 아직도 곤충학자들의 수수께끼 목록에 올라 있어.

사슴벌레
알브레히트 뒤러, 1505년, 폴 게티 미술관

사슴벌레는 무얼 먹을까?

앗, 사슴벌레다!
아이들도 어른들도, 사슴벌레를 좋아하는 사람도 처음 보는 사람도
로스앤젤레스에 있는 미술관에서 이 그림을 보게 되면 눈을 못 떼.
사슴벌레야, 너 진짜 멋있다!
덩그러니 혼자서, 커다란 뿔을 쳐들고 은은하게 빛나는 갑옷을 입고
가시 달린 6개 다리로, 위엄 있게 등을 돌리고 서 있는 사슴벌레를 봐.
조그만 황제 같지 않아?
알브레히트 뒤러의 〈사슴벌레〉야.
알브레히트 뒤러는 용감한 화가야. 500년도 더 전에 달랑 곤충
1마리가 주인공인 그림을 그려서 세상에 내보내다니!
이런 그림을 그리는 화가는 이제까지 없었어.

사람들이 수군수군해. 세상에, 벌레 1마리를 그렸다는군! 벌레는
조물주가 만든 동물들 중에 가장 하찮은 동물이 아닌가!
하지만 사람들은 곧 뒤러의 그림을 보고 깨닫게 돼. 사슴벌레가
얼마나 멋지고 놀라운 피조물인지 말이야. 뒤러는 다른 화가처럼
종교화와 초상화를 많이 그렸지만, 다른 화가와 달리 동물 1마리가
주인공인 그림도 그렸어.

〈사슴벌레〉를 발표하기 3년 전에는 어린 토끼 1마리를 그렸는데,
〈산토끼〉는 동물 1마리를 주인공으로 그린 최초의 그림이야. 뒤러는
산토끼도 사슴벌레도, 그리스 신화의 여신이나 신분이 높은 귀부인
못지않게 멋진 주인공으로 바꾸어 놓았어.

〈사슴벌레〉는 진짜보다 더 진짜 같다는 말로는 부족해. 그림을
보면서도 믿을 수 없어. 정말 사람의 손으로 그린 그림이 맞아?
게다가 값비싼 유화 물감으로 덧바르고 덧바르며 작업을 한 게
아니라 수채 물감으로 이렇게 그렸다는 거야. 뒤러는 수채 물감으로
그린 그림도 예술이 될 수 있다는 걸 보여 주었어.

뒤러의 〈사슴벌레〉를 본 사람은 이제까지와는 다른 눈으로
사슴벌레를 보게 돼. 사슴벌레에게서 용맹함과 늠름함과 품위가
느껴져.

사슴벌레는 정말로 용사라고 할 수 있어. 머리에 달린 굉장한 뿔을 좀
봐. 주둥이의 큰턱이 이렇게 멋지게 변한 거야.

헉! 한 녀석이 다른 녀석을
번쩍 들어 내던져!

팽개쳐진 녀석은 슬금슬금 도망가고, 이긴 녀석은 늠름한 뿔을
뽐내며 암컷에게 다가가. 커다란 뿔은 수컷만 있어. 암컷의 뿔은
전투용이 아니라 알을 낳기 위해 나무를 파는 연장이야. 짧지만
튼튼하고 끝이 날카로워.
수컷들은 암컷을 차지하기 위해서, 또는 먹이를 차지하기 위해서
뿔을 부딪치며 싸워. 장수풍뎅이하고도 먹이를 놓고 싸워. 싸움을
잘하는 사슴벌레는 사냥도 잘할 거야. 하지만 그렇게 생각한다면
천만에!

**사슴벌레는 사냥을 하지 않아.
혀로 나무 수액을 핥아 먹고 살아!**

에계? 겨우?
위엄 있는 큰 뿔은 황소의 뿔처럼 수컷들끼리 싸울 때만 쓰는 거야.
사슴벌레는 밤나무, 생강나무, 은사시나무, 미루나무, 뽕나무처럼
잎이 넓은 활엽수를 좋아하는데, 그중에서도 참나무를 제일 좋아하고
그중에서도 죽은 지 얼마 안 되는 참나무를 제일 좋아해.
나무 상처에서 흘러나오는 수액에 혀를 대고 스펀지처럼 빨아들여.
생김새는 꼭 우걱우걱 씹어 먹을 것 같은데 말이야.

사슴벌레는 전 세계에 1,500종이 있고, 우리나라에는 16~20종이
살아. 하지만 실제로 보기는 어려워. 야행성이라 낮에는 나무
구멍이나 땅속에 숨어 있고, 밤이 되어야 나무 수액을 먹으려고
은신처에서 기어 나오기 때문이야.

사슴벌레 암컷은 나무껍질을 파고 구멍 속에 알을 낳는데, 갓 낳은
알은 크기가 2~3밀리미터쯤이야. 그런데 알이 점점 커져. 부화하기
전에는 크기가 5밀리미터쯤 되고 동그랗게 부풀어 올라!

알에서 애벌레가 깨어나. 곧바로 나무껍질과 목재를 씹어 먹으며
쑥쑥 자라.

허물을 2번 벗으면 겨울이 오고, 이제는 먹지 않고 움직이지도 않고
추위를 견디며 봄을 기다려. 봄이 되면 다시 나무를 갉아 먹으며
번데기 방을 만들어. 자기의 침과 똥을 발라 번데기 방을
반들반들하고 깔끔하게 단장을 해.

번데기가 된 지 한 달쯤 지나면 어른벌레가 돼.

당장 세상으로 나가고 싶을 텐데 어떻게 알았을까? 곧 추운 겨울이
닥쳐온다는 걸 말이야. 사슴벌레는 다음 해 여름이 올 때까지
인내심을 가지고 나무속에서 기다리고 기다려.

드디어 여름이 왔어.

어디선가 맛있는 수액 냄새가 솔솔 풍겨 와. 사슴벌레가 날개를 펴고
정든 은신처를 떠나.

의식 장면으로 장식된
이름 없는 사람의 이집트 관
기원전 1050년경, 영국 박물관
© Bridgeman Images - GNC media, Seoul, 2023

굴려, 굴려, 똥을 굴려!

인형이야?
아니, 이건 관이야. 미라가 들어 있는!
뚜껑을 열면 3000년 전 파라오의 시체가 붕대에 친친 감겨 누워
있을지 몰라. 헐! 언젠가 영화도 본 것 같아. 미라가 벌떡, 뚜껑을 열고
깨어나는 무시무시한 영화 말이야.
하지만 이 속에 미라는 없을 거야. 이렇게 세워져 박물관에 전시되어
있잖아. 이 관의 이름은 〈의식 장면으로 장식된 이름 없는 사람의
이집트 관〉이야.
이름이 없는 이 관의 주인은 누구였을까?
미라는 다른 곳에 보관 중일까? 사라진 걸까?
이집트 사람들은 시체를 담은 관을 왜 사람 모양으로 만들었을까?

고대 이집트인들은 사람이 죽어 영혼이 육체를 떠나도 언젠가 다시 찾아온다고 믿었어. 영혼이 자기 육체를 잘 찾아올 수 있도록 사람 모양 관을 만들고 생전의 일들도 그림으로 새겨 놓았어. 그런데 보여? 여인이 두 손에 소똥구리를 받들고 있어. 아래에도, 그 아래에도, 그 아래에도 소똥구리가 있어. 관에 소똥구리를 새긴 건 아주 특별한 뜻이 있기 때문이야. 소똥구리는 태양의 신 케프리를 상징하는 신성한 동물이야!

하하, 소똥구리는 어쩌다 신이 되었을까?

소똥구리는 어떤 동물도 하지 않는 신기한 일을 해.

이집트인들은 봄이 되면 나일강 강둑에 소똥구리가 나타나는 것을 보았어. 그런데 소똥구리가 똥 구슬을 굴려 땅속에 묻는 게 아니겠어? 그리고는 어디론가 사라져. 몇 주 뒤에 보니 똥 구슬 속에서 소똥구리가 태어나고 있잖아! 그건 소똥구리가 똥 구슬 속에 알을 낳았기 때문이지만 고대 이집트인들은 알지 못했어.

이집트인들은 커다랗고 둥근 똥 구슬을 보며 태양을 떠올렸어. 똥 구슬이 굴러가 땅속에 파묻히듯, 태양이 하늘을 가로지르고 저녁이 되면 땅 밑으로 사라져! 소똥구리가 땅속 똥 구슬 속에서 태어나듯이 태양도 땅속으로 사라졌다가 아침이면 다시 떠올라! 소똥구리는 자기도 모르는 사이에 인간들 세상에서 태양을 상징하는 신이 되었어.

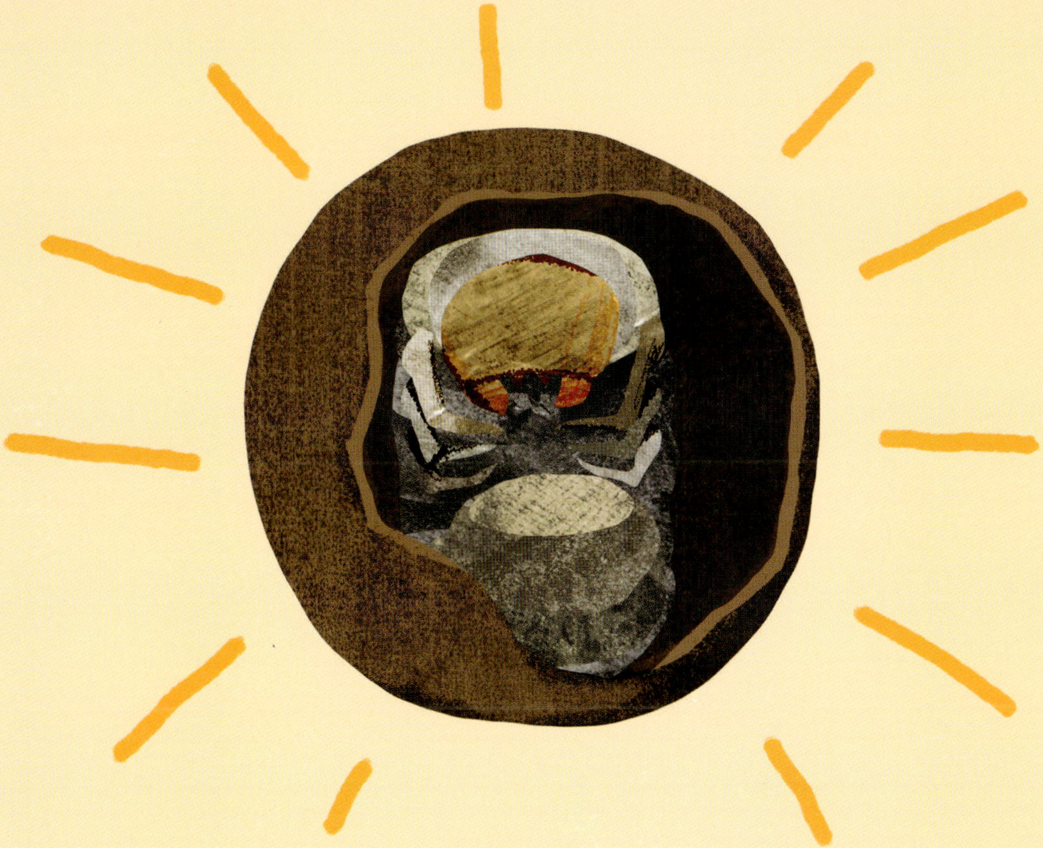

어쩌면 하얀 붕대를 친친 감은 미라도
소똥구리 번데기를 보고 영감을 얻어 만들어졌는지 몰라.
미라는 소똥구리의 번데기를 닮았어!

소똥구리는 동물의 똥을 빚어 똥 구슬을 만들어!
아무도 없는 곳에서 먹으려고 똥 구슬을 굴려.
똥 구슬 속에 알을 낳아!
소똥구리는 어떻게 알까?
똥을 동그랗게 빚는 방법을.
둥글둥글 둥글면 잘 굴러간다는 수학의 비밀을.
어떻게 똥 구슬 속에 알을 낳을 기발한 생각을 했을까?
소똥구리는 알고 있을까? 자기들이 지구의 위대한 청소부라는 걸.
소똥구리 덕분에 들판에서 똥이 사라지고, 소똥구리가 똥을 먹고
눈 똥이 흙으로 돌아가 식물에게 영양분이 되는 놀라운 사실을
말이야.

**소똥구리는 1억 3000만 년 전쯤
백악기 시대에 지구에 나타났어.
오래오래 공룡의 똥을 먹으며 살았어.**

하하, 공룡 시대에 곤충학자가 있었다면?
소똥구리가 아니라 공룡똥구리라 이름을 지었을 텐데!

소똥구리는 소똥, 코끼리 똥, 낙타 똥, 염소 똥, 기린 똥, 말똥……
수많은 동물의 똥을 먹어. 하지만 이중에는 똥을 먹지 않고 썩은
고기나 버섯을 먹는 녀석들도 있고, 똥을 먹지만 똥 구슬은 만들지
않는 녀석들도 있어. 소똥구리, 왕소똥구리, 긴다리소똥구리는 똥
구슬을 만들어.

찰퍼덕! 풀밭에 똥이 떨어져. 어디선가 소똥구리가 날아와 앉아.

소똥구리가 똥 구슬을 굴리는 모습만 본 사람이라면 소똥구리가 날
수 있다는 걸 꿈에도 생각하지 못할 거야.
소똥구리의 날개는 가장 빨리 똥 무더기에 도달하는 데 쓰이는
날개야. 날개가 없다면 힘겹게 기어서 오느라 똥이 딱딱하게 말라
버리거나 다른 동물들이 가로채고 없을지 몰라. 그럼 소똥구리는
굶어 죽어야 할걸.
소똥구리가 똥에 내려앉아 앞다리와 머리로 똥 조각을 잘라 내.
토닥토닥 똥 구슬을 빚어.
혹시 눈사람을 굴리듯 조그만 똥 덩어리를 굴리면 저절로 커다란 똥
구슬이 되는 것이라 생각했다면 천만의 말씀.

소똥구리는 처음부터 동그랗게 만들어. 넓적한 앞다리로 똥을 붙이고 톡톡 두드리고 다듬고, 톡톡 붙이고 두드리고 다듬어. 점점 더 크게 만들어. 마침내 완벽한 똥 구슬이 완성되었어.

앗, 똥 구슬이 너무 무거워.

다리 사이에 똥 구슬을 끼고 날아갈 수도 없고 턱으로 물고 갈 수도 없어.
굴려 볼까? 머리를 아래로 향하고 다리는 위로 들고 물구나무 선 자세로 똥 구슬을 굴려. 앗, 돌부리에 걸렸어. 영차영차! 소똥구리는 돌아가지도 않고 안간힘을 써. 어…… 넘어져 버렸어. 바둥바둥! 일어날 줄을 몰라. 그런데 일어나. 아무 일도 없었다는 듯이 또다시 똥 구슬을 굴려.
해가 뉘엿뉘엿해. 드디어 다 왔어. 땅굴을 파고 드디어 똥 구슬을 묻어.
똥 구슬은 소똥구리의 식량이 되고, 소중한 알을 낳을 알 방이 돼. 소똥구리 애벌레가 똥 구슬 속에서 똥을 파먹고 자라!

파초도
전(傳) 상고재, 조선 시대, 국립중앙박물관

소똥구리는
딱정벌레야!

누가 똥을 누고 갔을까?

소똥구리가 날아왔어. 왼쪽 2마리는 똥 구슬을 만들고, 오른쪽 2마리는 벌써 똥 구슬을 다 만들어 놓고 똥 구슬에 달라붙어 힘을 쓰고 있어.

이쪽이야! 아니, 이쪽이라고!

함께 힘을 모으는 걸까? 똥 구슬을 서로 차지하려고 싸우는 걸까?

넓고 커다란 파초 잎사귀에는 호랑나비 1마리가 앉아서 이 광경을 보고 있어.

조선 시대에 그려진 작자 미상의 그림이야. 누가 그렸는지 알 수 없지만 고풍스럽고 여유가 느껴지는 한낮의 풍경이야.

우리도 쪼그리고 앉아서 계속 계속 소똥구리를 보고 싶어.

알고 있었어? 소똥구리는 딱정벌레야!

소똥구리가 딱정벌레인 건 날개 때문이야. 소똥구리는 뒷날개로만 날고, 앞날개는 딱딱하게 변해서 몸을 덮어 보호하는 딱지날개가 되었어.

딱지날개가 있으면 모두 딱정벌레야!

소똥구리도, 멋있는 뿔이 달린 사슴벌레도 딱지날개가 있어.
장수하늘소, 풍뎅이, 무당벌레, 비단벌레, 반딧불이, 물방개, 물땡땡이, 송장벌레, 꽃무지, 방아벌레, 잎벌레, 바구미, 길앞잡이, 개미붙이, 거저리도 모두 딱정벌레야.

딱정벌레는 사람들이 아는 것보다 훨씬 더 놀라운 동물이야.
딱정벌레목은 모두 38만 종이 있고, 모든 생물의 40퍼센트를 차지해.
지구에 수백 가지 동물들의 '목'이 있지만 그중에서도 딱정벌레목은 가장 번성한 목이야.

이 세상 모든 생물의 이름표가 들어 있는 커다란 통이 있고, 거기서 로또 복권을 뽑을 때처럼 아무거나 하나씩 이름표를 뽑는다고 상상해 봐. 이름표 다섯 개 중에 하나가 딱정벌레라는 거야!

알겠어? 딱정벌레가

딱정벌레는 너무 많아!
잭 홀데인이라는 생물학자는 이렇게 말했어.
"조물주는 딱정벌레를 너무나 좋아하는 게 틀림없습니다. 하하!"
곤충을 무서워하는 사람도 딱정벌레에게는 관대해. 딱정벌레는
정말로 멋있거든!
딱정벌레는 살아 있는 곤충부터 딱딱한 나무, 나무 수액과 꽃꿀,
곰팡이까지 온갖 것을 다 먹어. 딱정벌레는 훌륭한 분해자야. 풍뎅이,
송장벌레, 개미붙이, 수시렁이는 썩은 고기를 먹어 치우고,
똥풍뎅이와 소똥구리는 똥을 먹어 치워.

딱정벌레가 없다면 온 세상에 똥과 사체가 가득 쌓일 거야.

썩는 냄새가 진동하고 똥과 사체가 더디 썩어서 지구의 풀밭은 똥 밭,
사체 밭이 될 거야.
다행이야. 소똥구리가 똥을 굴려 주어서! 땅 위에서 없애 주어서!
영차영차! 묵묵히 일하는 소똥구리를 따라가 봐.
여기가 좋겠어! 소똥구리가 똥을 굴리다 멈춰.
굴을 파고 똥을 넣고, 똥을 먹기 시작해.

똥은 영양가가 별로 없어서 많이 먹어야 해. 그래서 그렇게 크게 빚는 거야.
소똥구리는 아침부터 저녁까지 움직이지도 않고 계속 계속 먹어. 거대한 똥 구슬이 한 점도 남지 않고 모두 사라질 때까지!

소똥구리가 똥을 먹고 또 똥을 싸.
꽁무니로 실 같은 똥이
똥을 먹는 내내 계속 계속 나와.

12시간 동안 똥을 먹는 내내 끊이지 않고 똥을 누어 무려 2.88미터의 실똥을 누었다는 기록이 있을 정도야. 소똥구리가 어떻게 그렇게 빨리 소화를 시키는지 수수께끼라니까.
똥에는 여러 가지 영양분들이 미처 분해되지 못한 채로 들어 있어. 소똥구리는 똥을 소화시켜서 훨씬 더 많이 분해가 된 똥을 내보내. 소똥구리 똥이 흙 속에 묻혀 식물에게 필요한 영양분이 돼.
초식 동물의 똥 속에 메탄가스가 들어 있다는 걸 알고 있어? 메탄가스는 이산화 탄소보다 더 강력한 온실 기체야. 소똥구리가 똥을 먹어 치워서 메탄가스도 줄어들어. 그러니까 소똥구리가 기후 위기를 해결하는 데도 필요한 동물이라는 말씀이지.

하지만 이제 소똥구리도, 똥 구슬도 볼 수가 없어.
2019년 9월 5일 환경부에서 이런 공고를 냈어!

진짜 소똥구리를 찾습니다.

이 소똥구리가 진짜일까?

1단계 크기 확인하기

소똥구리는 1.3cm 정도, 새끼손톱 크기

장수풍뎅이 암컷 / 소똥구리 / 3cm / 1.3cm

소똥구리를 발견했다면 스마트폰에 담아 주세요.

사진 또는 영상으로 찍기

※ 경고!
소똥구리를 잡으면 최대 벌금 3,000만원

 환경부

소똥구리가 사라진 건 풀밭에서 풀을 뜯어 먹고 풀 똥을 누는 소들이 사라졌기 때문이야. 소들은 이제 공장식 사육장에서 사료를 먹으며 자라. 사료를 먹여서 키운 소의 똥은 소똥구리가 먹을 만한 영양분이 없고, 심지어 항생제와 각종 첨가제까지 들어 있어.

야생 동물이 살아가는 초원도 사라지고, 땅에는 농약과 화학 비료가 흘러들어. 간신히 남아 있던 소똥구리도 거의 모두 사라졌어.

소똥구리는 1970년 이후로 발견되지 않고, 왕소똥구리는 2010년에 강원도에서 한 번 발견된 뒤로 더 이상 발견되지 않아.

**"진짜 소똥구리를 찾습니다!
소똥구리를 발견했다면 멸종위기종 복원 센터에 알려 주세요!"**

하지만 진짜 소똥구리는 아직도 소식이 없어.
소똥구리가 자연에 돌아오는 날이 올까?

꽃과 곤충이 있는 정물
얀 브뤼헐, 17세기, 스톡홀름 국립 박물관

곤충은 힘이 너무 세

어떻게 알았지?

곤충 이야기의 마지막에 딱 어울리는 그림이잖아!

장미, 튤립, 아네모네, 나리꽃, 수선화…… 화려하고 풍성한 꽃들 속에 숨은그림찾기처럼 곤충이 숨어 있어.

보여? 찾았어?

꼬물꼬물, 곤충이 무려 18마리야!

저런! 안 보인다고?

당연해. 원래 그림은 크기가 40인치 텔레비전 크기이지만 지금은 조그만 책 속에 박혀 있는 신세니까 말이야.

하는 수 없지. 돋보기를 가져와!

틀림없이 18마리가 있다니까.

테이블 위 가장 오른쪽에 있는 건 사슴벌레야. 왼쪽에 있는 크고 앞다리가 기다란 건 앞장다리하늘소야. 잠자리와 여치, 박각시, 귀뚜라미, 꽃무지, 나비, 꽃등에도 있어.

이 그림을 그린 사람은 네덜란드의 화가 얀 브뤼헐이야. 꽃을 잘 그려 별명이 꽃의 브뤼헐이었어. 하지만 지금은 곤충의 브뤼헐이라 해도 되겠는걸. 하하, 브뤼헐은 자기의 그림이 《명화로 만나는 생태 이야기》 곤충 편에 나와 마지막을 장식하게 될지는 꿈에도 몰랐을 거야.

그런데 생각해 본 적 있어? 곤충이 얼마나 대단한 동물인지 말이야. 곤충은 다리가 6개이고 날개가 있어. 그런데 지구에 그런 동물이 엄청나게 많다는 거야. 무려 100만 종이나 돼!

포유류는 1만 종이고, 조류는 2만 종이고 물고기는 4만 종인데, 곤충은 100만 종이야. 모든 동물을 압도해!

곤충은 어디에나 살아. 높고 높은 히말라야 봉우리에도, 50도가 넘는 뜨끈뜨끈한 온천물 속에도, 세상에서 가장 깊은 동굴 속에도, 남극 대륙에도, 심지어 바다에도 살고 있어.

펭귄의 털가죽에는 이가 붙어 사는데, 펭귄이 바다 깊이 잠수할 때도 꼭 붙어서 안 떨어져.

곤충은 우리와 너무나 다르게 생겼어. 그래서 신기해.

곤충은 어떻게 숨을 쉴까? 곤충도 뇌가 있을까? 심장이 있을까?

곤충도 피가 흐를까?

우리가 보면 곤충이 외계 생물 같고, 곤충이 보면 우리가 외계 생물 같을 거야.

우리는 몸속에 뼈가 있어. 곤충은 뼈를 '입고' 있어!

곤충의 뼈와 같이 딱딱한 껍데기를 외골격이라 불러.

외골격 덕분에 곤충은 힘이 너무 세!

개미는 자기 몸집보다 50배 무거운 물체를 들 수 있어. 이건 정말로 굉장한 일인데, 몸무게 40킬로그램인 네가 2,000킬로그램 나가는 트럭을 들 수 있다는 이야기야! 무거운 물건을 들 수 있는 건 근육의 힘 덕분이야. 근육은 뼈에 붙어 있어. 외골격은 몸속에 있는 내골격 뼈보다 면적이 훨씬 더 넓어서 근육이 더 많이 붙을 수 있어.

그런데 그렇게 무거운 걸 들려고 하면 다리가 두어 개나 서너 개로는 부족할지 몰라.

외골격을 가진 동물은 다리가 많아!

곤충은 다리가 6개야.

곤충 말고도 새우, 게, 거미, 지네, 전갈, 쥐며느리는 외골격이 있는데 새우와 게는 다리가 10개, 거미와 전갈은 8개, 쥐며느리는 14개, 지네는 무려 30~364개야.

만약에 숲에서 꼬물꼬물 벌레를 발견했다면 가장 먼저 다리 개수를 세어 봐. 다리가 6개 있으면 곤충이야.

그다음에는 날개를 살펴봐. 곤충은 대부분 날개가 4장 있어. 하지만 날개가 아예 없는 좀 같은 곤충도 있다는 걸 알아 둬.

곤충의 날개는 위대한 발명품이야!
곤충은 3억 년 전에 새도 박쥐도 익룡조차 없었을 때, 최초로 날개를 달고 하늘로 날아오른 동물이야.

하지만 위대한 곤충도 한 가지 문제가 있어.

몸은 자라는데 외골격이 자라지 않아.

방법은 하나뿐이야.

외골격을 벗어 버려!

사마귀가 벗어 놓은 허물이야.

숲속에나 들판에서
곤충이 벗어 놓은 허물을 보거든
곤충의 뼈 옷이라고 기억해 줘.

외골격 바로 밑에 새로운 외골격이 자라고 있어서 때가 되면 낡은 외골격을 벗어 버려. 그게 바로 곤충이 허물을 벗는 이유야.

곤충은 모두 허물을 벗어. 하지만 운 나쁘게 허물을 벗지 못하는 사고가 일어나기도 하는데, 그러면 딱딱한 외골격 안에 몸이 갇혀 자라지 못하고 죽음을 맞게 돼.

곤충은 정말 희한한 동물이야.

뼈 옷을 입고 뼈 옷을 벗고, 눈은 많고 코는 없고!

곤충은 눈이 여러 개야!

수천수만 개 낱눈이 모여 커다란 겹눈이 되고 조그만 홑눈도 3~6개쯤 있어. 그런데 눈이 꼭 머리에만 달려 있는 건 아니야. 어떤 호랑나비 암컷은 엉덩이에 눈이 있어 알을 제자리에 낳는지 확인해.

곤충은 옆구리로 숨을 쉬어. 옆구리를 따라 숨구멍이 줄줄이 나 있어.

곤충은 핏줄이 없고 피가 자유롭게 몸속을 흘러 다녀. 곤충의 피는 투명하거나 노란색이거나 초록색이야.

곤충도 뇌가 있을까?

있어!

아무리 조그만 곤충도 끊임없이 판단을 내려야 해.

꿀벌은 눈앞에 있는 것이 달콤한 꿀이 든 꽃인지 거미인지 판단해야 하고, 개미는 먹이를 발견하면 혼자서 운반할 수 있는지 친구를 불러올지 판단해야 해.

하지만 곤충은 머리의 뇌뿐만 아니라 몸의 중간중간에 작은 신경절이 있어서 조그만 뇌의 기능을 보조해. 그래서 머리가 떨어져 나가도 당장 죽지 않아!

곤충이 이상해?

곤충이 징그러워?

곤충을 보면 무슨 생각을 해?

한평생 곤충을 관찰하고 사랑한 위대한 생물학자 파브르는 이렇게 말했어.

단 몇 분이라도 우리 집 개의 뇌로 생각할 수 있기를 바란다고!

단 몇 분이라도 모기의 눈으로 세상을 볼 수 있기를 바란다고!

정말이야.

그럴 수 있다면 모든 것이 얼마나 다르게 느껴질까?

찾아보기

개미 4, 5, 9~14, 16, 17, 59, 60, 66, 122, 173, 177
겹눈 40, 62, 64, 128, 176
고막 115, 140
공작나비 5, 51, 53, 55
귀뚜라미 66, 114, 172
꽃가루 25, 28~30, 73, 81, 82
꽃꿀 21, 28, 30, 32, 46, 93, 166
꿀벌 5, 20, 21, 23, 25, 27~33, 66, 73, 111, 177
나방 69, 71~73, 119
나비 28, 36, 42~50, 53~55, 57~60, 62~66, 71, 78, 80, 111, 172
날개 5, 21, 27, 36, 38, 39, 43, 46~49, 53~55, 57, 62, 64~66, 71, 73, 90, 99, 109, 115, 130, 140, 150, 151, 158, 162, 172, 174
낱눈 40, 176
누에나방 73~75
눈많은그늘나비 55, 56
더듬이 14, 27, 28, 62, 64, 115, 128

딱정벌레 58, 59, 80, 161, 162, 164, 166
말매미 138~140
매미 66, 80, 115, 137, 138, 140, 141, 143
메뚜기 4, 28, 36, 66, 80, 103, 104, 106~109, 114, 115, 130, 135
멸종 13, 80, 169
모기 41, 66, 80, 87~93, 95, 177
모르포나비 49, 54, 55
무당벌레 59, 111, 125, 162
바퀴벌레 66, 80
방아깨비 103~105, 137
번데기 4, 59, 64, 66, 67, 74, 75, 99, 101, 106, 125, 150, 155
벌집 23, 25, 28, 30, 32, 33
베짱이 114, 119, 120~125
벼룩 94~101
빈대 100, 101
빨간집모기 91
사냥꾼 37~39, 41, 114, 130
사마귀 80, 82, 114, 126~128, 130, 132,

찾아보기

134, 135, 140, 175
사슴벌레　4, 125, 144~147, 149~151, 162, 172
산누에나방　71
소똥구리　5, 154~159, 161, 162, 166~169
아르테미스흰뱀눈나비　56, 57
애벌레　4, 14, 16, 24, 25, 33, 59~64, 66~67, 73, 74, 80, 99, 114, 125, 142, 143, 150, 159
어른벌레　4, 66, 67, 89, 99, 125, 150
여왕벌　19, 21~25
여치　111, 112, 114, 115, 117, 120, 172
왕나비　54, 55
외골격　173, 174, 176
외눈이지옥사촌나비　56, 57
이　100, 101
일벌　21~23, 25, 27
작은멋쟁이나비　54, 55, 59, 71
잠자리　5, 34~41, 66, 80, 82, 103, 104, 128, 130, 172

장수풍뎅이　149
제비나비　27
제왕나비　54
짝짓기　49, 64, 67, 80, 106, 115, 117, 135, 141
참매미　138, 139
파리　4, 5, 10, 38, 41, 66, 77~84, 90
허물　64, 66, 150, 175, 176
호랑나비　125, 161, 176

179

참고 도서

아서 V. 에번스, 찰스 L. 벨러미 지음, 윤소영 옮김, 《딱정벌레의 세계》, 까치, 2002

앤드루 스필먼, 마이클 디 안토니오 지음, 이동규 옮김, 《모기》, 해바라기, 2002

조안 엘리자베스 록 지음, 조응주 옮김, 《세상에 나쁜 벌레는 없다》, 민들레, 2004

샤먼 앱트 러셀 지음, 이창신 옮김, 《나비에 사로잡히다》, 북폴리오, 2005

권혁도 그림, 김진일 감수, 《세밀화로 그린 곤충 도감》, 보리, 2005

위르겐 타우츠 지음, 유영미 옮김, 《경이로운 꿀벌의 세계》, 이치사이언스, 2009

김태우 지음, 《메뚜기 생태 도감》, 지오북, 2013

정부희 지음, 《곤충들의 수다》, 상상의 숲, 2015

안네 스베르드루프-튀게손 지음, 조은영 옮김, 《세상에 나쁜 곤충은 없다》, 웅진지식하우스, 2019

장 앙리 파브르 지음, 김진일 옮김, 《파브르 곤충기5》, 현암사, 2020

김태우 지음, 《곤충 수업》, 흐름출판, 2021

정부희 지음, 《정부희 곤충학 강의》, 보리, 2021

장 앙리 파브르 지음, 김진일 옮김, 《파브르 곤충기6》, 현암사, 2021